# 法务之道

杭东霞 著

## 职业定位、核心技能与职业环境

知识产权出版社
全国百佳图书出版单位
——北京——

图书在版编目（CIP）数据

法务之道：职业定位、核心技能与职业环境 / 杭东霞著 . —北京：知识产权出版社，2022.1
ISBN 978-7-5130-7946-4

Ⅰ.①法… Ⅱ.①杭… Ⅲ.①企业法—基本知识—中国 Ⅳ.① D922.291.914

中国版本图书馆 CIP 数据核字（2021）第 276563 号

责任编辑：齐梓伊　雷春丽　　　责任校对：谷　洋
封面设计：乾达文化　　　　　　责任印制：刘译文

# 法务之道：职业定位、核心技能与职业环境

杭东霞　著

| | |
|---|---|
| 出版发行：知识产权出版社 有限责任公司 | 网　　址：http://www.ipph.cn |
| 社　　址：北京市海淀区气象路50号院 | 邮　　编：100081 |
| 责编电话：010-82000860转8004 | 责编邮箱：leichunli@cnipr.com |
| 发行电话：010-82000860转8101/8102 | 发行传真：010-82000893/82005070/82000270 |
| 印　　刷：天津嘉恒印务有限公司 | 经　　销：各大网上书店、新华书店及相关专业书店 |
| 开　　本：880mm×1230mm　1/32 | 印　　张：6.75 |
| 版　　次：2022年1月第1版 | 印　　次：2022年1月第1次印刷 |
| 字　　数：165千字 | 定　　价：58.00元 |
| ISBN 978-7-5130-7946-4 | |

出版权专有　侵权必究
如有印装质量问题，本社负责调换。

# 序一

刘晓红 *

随着我国改革开放不断扩大、全面依法治国深入推进,迫切需要完善现代公司治理结构、推进公司治理体系和治理能力现代化。在此背景下,公司法务部门作为公司治理结构中不可或缺的一环,已逐渐成为公司管理共识并日益受到重视。越来越多的公司管理者认识到合规经营和风险管控的重要性,陆续建立了法务部门并使之在公司治理和运营中扮演重要角色。法务已成为公司合规经营和风险防范的"守门人"。但是与法官、检察官、律师等法律职业相比,法务职业并不为众人所周知,大多数法学院也不教授法务所应具备的实务技能和职业素养课程。

本书作者结合自身数十年公司法务工作经历,从个人和部门两

---

\* 刘晓红,博士研究生导师。2018 年 12 月 4 日,获颁"CCTV2018 年度法治人物"。现任上海市第十五届人民代表大会代表,上海政法学院校长,上海仲裁委员会主任,上海市人民政府外聘法律顾问。

个维度全面阐述了法务职业的核心要素和技能要求。从个人维度，读者可以全面了解法务工作的职业特点，不同性质公司法务工作环境之差异，以及法务职业的专业要求和成长空间。从部门维度，读者可以洞悉法务部门运行的全貌和关键环节，把握法务部门架构搭建思路、绩效考核方案、内部制度管理和信息系统管理等内容。作为一本系统介绍公司法务的专业性书籍，相信本书能够为法务职业的初入者提供指南，亦可为公司管理层优化内部治理或者高等院校开展相关专业教学提供参考，也能为广大读者了解公司法务提供一个窗口。

作者杭东霞女士是我早年在华东政法大学任教时的学生，现已从事公司法务二十余载，历任国有企业、外资企业和民营企业集团的法务部总经理，积累了丰富的法务工作经验，可以说是一位既精通法律实务又熟悉公司管理的复合型人才。在繁忙的工作之余，杭东霞女士还兼任上海仲裁委员会、上海国际经济贸易仲裁委员会、杭州仲裁委员会仲裁员等职，为《中国外汇》《法人》等专业杂志的长期约稿作者。

本书为杭东霞女士数十年公司法务职业生涯之结晶，体现了她的勤勉、用心和思考。作为老师，我颇感欣慰，并为之作序。

# 序二

吕红兵[*]

杭东霞女士曾是我们国浩律师事务所常年且密切的法律顾问单位上海均瑶集团有限公司的法律合规部总经理，是我和我的同事的长时间且可持续的工作同人；现她荣任均瑶集团之金融"旗舰"上海华瑞银行股份有限公司董事会秘书。可以说，杭东霞女士是法律界中并不多见的转型人才与跨界精英！

在与杭东霞女士的多个投资和融资项目的共事中，她给我们律师团队留下了深刻且难忘的美好印象。杭东霞女士不但法律专业扎实，看问题"一针见血"，而且具备敏锐的商业直觉和深刻的行业见解，因此，在"难点""痛点""胶着点"上都会提出"破冰"式

---

[*] 吕红兵，国浩律师事务所首席执行合伙人，全国律师行业党委委员、中华全国律师协会监事长，全国政协委员、全国政协社会和法制委员会委员。曾任全国律师协会第七届、第八届、第九届副会长（2008—2021年），上海市律师协会第七届会长（2005—2008年），中共上海市第九次、第十次代表大会代表（2007—2017年），上海市政协第十一届、第十二届委员（2008—2018年）。

建设性意见，从而使问题迎刃而解。同时，她团队管理经验丰富，勇于决策，敢于担当，中介机构和她的团队合作亦皆愉快且成功。

我在法律服务几十年的工作中，也算"阅"法务部总经理"无数"，我觉得杭东霞女士属于个性鲜明、亮点多多之优者：工作务实、勤于积累、乐于交流。她忙中偷闲，奋笔疾书，著作等身，更是《中国外汇》《法人》等专业杂志的长期约稿作者；同时作为华东理工大学、江南大学等"211"学府的硕士研究生校外导师，教书育人，硕果累累。

本书为公司法务的实战业务指导用书。作者在每章针对不同业务特点作了详尽的工作指南，章节设置逻辑清晰、内容详实，无论读者职业经历长短、工作环境差异，都可从中吸取可借鉴的实务操作知识、可援引的案例依据。

本书融合了杭东霞女士21年的实操经验、法律技巧、管理心得和人生体验，十分值得阅读！同时，本书是对公司法务这一职业的全面总结、全新发布，向读者充分展示了公司法务这一在公司高质量发展中不可或缺的职业之现状、特点以及对公司法务人员的自身要求。我经常说，律师与法务"内外有别"，要"内外结合"。律师的独立性明显、专业性独到，而法务更容易理解公司决策者的商业意图与价值判断。因为"内外有别"，所以"内外结合"；之所以"内外结合"，正因为"内外有别"。于是，律师们，对此著作更不可"等闲视之"，一定会从中收获满满：法律专业知识、具体工作技巧、项目管理方法和团队领导能力……让我们共同期待！

# 目录

## 第一章 互利共赢：公司需要法务，法务需要公司

一、公司需要一个好法务 / 002

（一）法务是"刹车片" / 003

（二）法务是"信息树" / 003

（三）法务是"建筑工" / 004

（四）法务是"平衡仪" / 006

（五）法务是"标准件" / 006

（六）律师无法替代法务 / 007

（七）法务"性价比高" / 009

二、法务是一份好工作 / 010

（一）倒逼你成为"全才"的工作要求 / 011

（二）"受人挤对本领高"的工作环境 / 012

（三）团队带你飞 / 017

（四）有指望的薪酬 / 018

（五）公司中越来越高的地位 / 020

（六）机动的职业选择 / 021

（七）不同行业法务的工作感受 / 022

# 第二章 锚定方向：法务的职业定位

一、法务和律师的全面比较 / 024

（一）法务工作的特殊性 / 025

（二）晋升空间的差异性 / 031

（三）律师看法务 / 033

（四）职业的相互转换案例 / 039

二、三足鼎立的法务"江湖"：外资企业法务、国有企业法务和民营企业法务 / 044

（一）洋气规整的外资企业法务 / 045

（二）稳健大气的国有企业法务 / 047

（三）形态各异的民营企业法务 / 050

三、上市公司法务：法务中的"战斗机" / 051
（一）上市公司法务的"才艺"大全 / 051
（二）上市公司母公司法务的不同工作角度 / 059
（三）"奇葩"的上市公司股东案例 / 063

# 第三章 搭梁建柱：适合的才是最好的

一、法务部的架构：没有最好的，只有最合适的 / 066
（一）法务部的外部定位源于公司需求，内部架构基于管控目的 / 066
（二）法务部的"正事"有哪些 / 071
（三）法务部的灵魂——法务负责人 / 080
（四）法务部的团队搭建 / 085
（五）关键绩效考核设置 / 087
（六）请重视法务部的预算 / 091

二、君子善假于物 / 096
（一）法务部在投资并购案件中牵头人角色的履行 / 096
（二）律师事务所的选择和合作模式 / 102
（三）对律师事务所的管理 / 108

三、法务信息系统管理 / 115

（一）量身定做的法务信息管理系统 / 115

（二）完美时间提醒 / 119

（三）信息管理系统的题外话 / 121

四、法务制度管理 / 122

（一）如何避免制定"花瓶式"的法务管理制度 / 122

（二）如何制定实用的案件和合同管理制度 / 125

（三）专门性管理制度案例 / 129

# 第四章 玉汝于成：全面提升各项能力

一、专业远不止法律 / 139

（一）法务对工作要"长情" / 139

（二）法务对工作要"软硬适中" / 141

（三）法务对工作要"细致入微" / 143

（四）法务既要"高大上"又要"接地气" / 146

（五）找准定位很重要 / 151

（六）综合能力才是撒手锏 / 154

（七）法务要比保险推销员更有"话术" / 167

（八）法务要学好数学 / 177

（九）法务要成为自己和他人的"疗伤高手" / 180

（十）有"颜值"才有"币值" / 184

二、实用小技巧 / 188
（一）法律检索是个技术活 / 188
（二）给董事长写汇报的艺术 / 193
（三）有用的工作总结 / 198

三、推荐书单 / 201
（一）投资金融类 / 201
（二）法律类 / 202

# 后记 / 203

# 第一章 互利共赢：
# 公司需要法务，法务需要公司

在中国改革开放四十多年的历史进程中，经济发展不断带来新的就业趋势，新行业、新业态的出现造就了新的职业类别，这些新的职业类别又催生了新的专业岗位。就法律职业而言，与警察、检察官、法官、律师职业相比，法务算是一种新兴的职业分类，是随着经济社会浪潮而出现的一种专业技术岗位，是法律职业工作的细分。虽然目前法务没有一个统一的称呼，有的叫"法务"，有的叫"企业法律顾问"，但是其工作群体已经形成。北京、上海、广州、深圳的法务群体已经十分成熟，法务从业人数逐年递增，从业人员的专业素质和学历水平也达到了一定水准。各类官方和民间的法务组织也颇具规模，例如，上海市经济和信息化委员会下属的上海市企业法律顾问协会；上海市工商业联合会下设的民营企业法律研修会；民间法律组织"法务联盟"；官方媒体法制日报社主办的《法人》杂志，聚焦法务，并定期举办年度法务会议；威科先行法律信息库也将目光投向法务这一群体，定期组织法务交流活动。

即便如此，法务仍是一个较新的法律细分职业，很多人都无法回答以下问题：法务对公司的价值在哪里？法务的执业环境怎么样？法务职业应该如何定位？现行法务部门的管理体系是什么样的？法务个人技能应该如何修炼？本书拟从笔者实务经验出发，给读者尽量展现法务行业的整体图谱，为个人职业选择提供参考。①

那么，法务的价值究竟在哪里？作为雇主的公司和作为雇员的法务应有更深的认识，本章将揭示法务的核心价值所在，同时分析法务职业可期待的前景。

## 一、公司需要一个好法务

关于公司是否需要法务，社会上有几句名言："小公司不需要法务，只有大公司才需要""我们公司没有官司，所以不需要""本来没有事情，给法务看了就有事情了"。笔者觉得这是公司管理者价值观的反映，无关对错。笔者认为，法务作为公司管理的一个组成单元，其工作本身着眼于风险控制，肯定是会以牺牲一定的经营效率为代价的。如果公司管理者愿意承担一定的风险，来保障最高的经营效率，那么他会选择不设置法务岗位或者不把法务部作为重要部门。然而，笔者认为，在个案中作出风险选择是合理的，但是在公司管理中作出这样的选择，容易导致整个公司没有风险控制机制，可能会出"大事情"。虽然合同审核和纠纷处理是法务的日常

---

① 为了行文方便，无论现实中法务机构的名称是什么，笔者在下文将统一使用"法务部"来指代法务机构，用"法务"或者"法务人员"来指代法务工作人员。

工作，但是法务对于公司管理者而言远不止是上述事务性工作的完成者，更重要的是公司管理和风险控制的好帮手。

（一）法务是"刹车片"

为什么业务人员甚至高管有时会讨厌法务，觉得法务没事找事，那是因为法务看待问题都比较谨慎，会从最坏的结果出发进行判断，作出选择，对于有风险的项目往往采取否定的态度。从风险控制的角度看，这正是法务管控作用的体现。对于同一个项目，业务人员首先看到的是其盈利预期，会比较积极地预估未来的情况和收益，在谈判中对于对方提供的一些情况也会比较信任。而法务首先看到的是风险预期，对于未来情况也通常持悲观态度，商务接洽中对于对方的说明和材料均习惯性地质疑并需要作出复核。法务的这种质疑其实是排除风险的方式，古语有云"事缓则圆"，踩一踩刹车，控制一下速度，查清依据，解决疑惑，可能会对投资、经营更有利。虽然法务的否定意见或者质疑的确会降低决策的效率，但是相应地会提高决策的正确率。

（二）法务是"信息树"

公司不管大小，决策者都无法知道所有的经营细节和工作信息，这就是信息不对称，而信息不对称的后果有很多，例如，在做决策时没有"靠谱"的信息做依据，决策就容易有偏差。法务有一条其他人无法掌握的信息来源——合同等文件。如果公司规定，对外的文件都需要法务审核后方能签署，那么法务就有着一条完整的信息渠道。法务通过审核合同，可以得知合同本身包含的业务及其财务等细节，还可以发现该事项的"前世今身"，即业务由来和法律后果。作为集团法务，还可以要求各子公司法务提交月度合同台账、案件台账、项目台账和法律费用台账，通过这些数据，法务可以对合同类别、合同数量、合同内容进行审查从而发现子公司的业务情况和风险点，这种方法就和证监会通过用电量核实企业营业额数据是一个道理。法务还可以通过对案件的分析，来查缺补漏，寻找公司存在的风险，同样可以将这些风险汇总给相应的管理层。由此可见，拥有好法务就拥有了数据详实、来源可靠的信息源。

（三）法务是"建筑工"

1. 规模化公司的"搭建"需要法务

规模化公司"王国"需要用集团化、公司制的形式得以体现，这就需要由法务把股东的蓝图用股权架构图的形式来描绘，将股东、总公司、子公司、孙公司进行合理摆放，根据业态差异设置不同的公司形式，根据不同商业目的设计不同的股权比例，把商业目的和盈利模式用公司股权安排来实现和保障。图1-1是一张比较简单的股权架构图，实际上规模庞大的集团公司股权架构一般都比较复杂，有众多子公司，子公司又下设孙公司，甚至垂直向下有好几层公司设置，关联公司之间又多见交叉持股，境内、境外公司相互控制，股权架构图有时几张A3纸都无法打印完，公司外部人员看来如同雾里看花，根本无法知晓集团公司的具体情况。能否把集团公司的股权架构搭建得更合理、更高效、更经济，又完全满足监管的要求，是很考验法务能力的，因为不同行业的法律监管要求不同，不同股东的诉求也不同，不同经营实体所承担的税负也不同，如果还要考虑境内、境外上市目标，那反应在股权架构的搭建上更得考虑满足首次公开募股的相关要求。关于公司股权架构搭建的实务会在笔者另一部作品《法务之术》中做具体阐述。

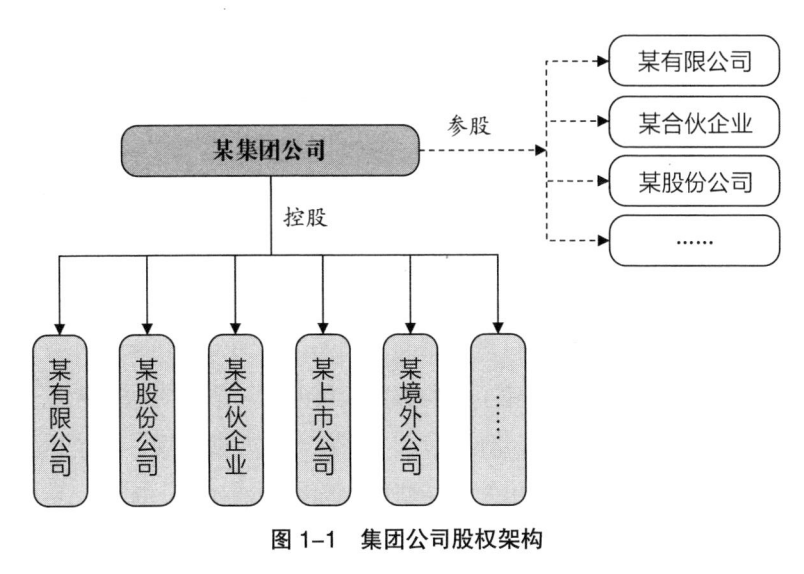

图 1-1　集团公司股权架构

**2. 小公司的"构建"需要法务**

大公司的事情看起来复杂，那小公司没有那么多"搭建"的活了吧？其实不然，小公司的问题有时候不比大公司简单，正如"有人的地方就有江湖"，其实"有公司的地方就有治理结构"。公司虽小，例如，有两个股东，那么出资、分红、管理授权就应该有说法，小公司也需要法务把合作前各股东的共识在公司章程中进行固定，只有在章程中把"权、责、利"讲清楚了，把行使权力、履行义务的方式确定下来了，把纠纷解决、公司僵局解决的路径明晰了，才能在日后的经营中更顺利地合作。关于公司章程的写作技巧，笔者在另一部作品《法务之术》中做具体阐述。

## （四）法务是"平衡仪"

法务的工作对于财务、业务以及其他部门而言是一种牵制、制衡，这种制衡能有效约束其他部门的权力滥用，使公司内部职能部门处于势力均衡状态。有了法务，就可以有望杜绝业务人员不受监督的决策行为，因为当业务人员去法务那里审合同、说明项目时，法务会刨根问底、会修改条款，会让业务人员去和对方沟通，争取更多利益。对高级管理人员，法务也可以通过事项审批、合同审批和费用审批几个角度进行规范制衡。例如，有的公司在采购环节设置招标小组，招标小组除了采购部门人员外，一般都有法务人员参与。法务人员参与竞标、评标过程，全面参与采购事项，除了控制成本、规范流程外，可以起到防范腐败和监督的作用。因此，法务的"平衡仪"功能还体现在法务承担的公司内部"反贪污""反贿赂"工作上，这项工作可以对高管进行监督，有效制约平衡公司高管权利行使。

## （五）法务是"标准件"

**1. 法务是金融、生物医药等几类行业的"标准件"，是必须具备的内设岗位**

这几类行业所涉及的企业类型主要有：金融类企业，如银行、保险公司、证券公司、信托公司、金融租赁公司、财务公司、资产管理公司等；类金融企业，如私募股权基金、小额贷款公司、担保公司、融资租赁公司等；生物医药行业的企业，如制药企业、医疗器械企业、生物制品企业等。除此之外，跨国企业通常也设内部法务岗位来规范总部和境外子公司的管理，并保证境外子公司符合境外当地法律的要求。我国上市公司受到资本市场监管规则的调整，其经营的合法性、合规性更显重要，所以上市公司也大都设置法务岗位。国有企业从开创初期就十分重视企业法律顾问体系的建设，国有资产监督管理委员会多份文件要求中央企业带头设立企业法律顾问制度，聘用企业法律顾问，形成法务管控体系，所以我国大型中央企业和大中型地方国有企业大都设立了法务岗位。

2. 法务是长期经营的保证

缺少法务岗位，公司照样可以运营，但是作为股东，肯定更希望自己的基业可以"万年长青"，例如，上海均瑶集团有限公司提出的公司经营口号就是"打造均瑶百年老店"。要达到"百年老店"这个目的，首先要保证公司低风险运营，尽可能地规避风险，也就是说股东的价值取向应该是"宁可牺牲效率，也要保证安全"。这种情况下，公司决策就不能一味地倾向于业绩，更应该多考虑法务人员所提出的风险控制问题。

（六）律师无法替代法务

目前，很多公司都有外部聘用律师，却没有法务，同样地，这种用人格局并没有对错之分，因为无论外部聘用律师还是法务都是公司解决问题的"工具"，不同情况当然要用不同的工具。但是笔者要强调的是，不能认为外聘律师可以完全替代法务，因为两者的作用并不完全一致。

1. 个案存在一定替代性

如果是处理一个具体的诉讼案件、仲裁案件，那么同样作为案件代理人，外聘律师和法务也许可以相互替代，因为大家都是在完成一项特定身份的工作。

2. 外聘律师无法替代法务的内部管理职能

外聘律师无法替代法务的公司内部控制和风险管理职能，如上文所述的五大作用。同时，在处理具体法律问题的时候，法务除了考虑法律问题外，还会综合公司内部管理要求给出相关意见，例如，在审阅合同时，法务除了审查合同本身的条款外，还会关心该业务本身是否通过了管理层的决策，其商业模式是否和公司现有成熟商业模式存在差异、是否可以达到公司的商业诉求，合同具体审批流程是否符合公司的合同管理制度和财务管理制度等，会查看合同所体现的交易是否符合公司授权体系的规定，同时还会有效督促商务人员[①]的谈判工作和合同后续执行。

3. 外聘律师无法完成内部相关流程

合同审核模块作为公司的制度管理和授权管理的办公自动化等管理系统节点设置，必须由公司内部法务人员控制管理，无法由外聘律师长时间替代。例如，劳动争议的解决，外聘律师可以在解决劳动争议仲裁、劳动诉讼案件中承担案件代理人的工作，但是在公司内部的劳动制度建立、员工手册制定、工会流程管理、劳动纠纷内部投诉等方面无法替代法务的工作。当公司的法律事务数量达到一定程度的时候，往往找不到合适的律师来覆盖所有法律事务，例如，笔者曾调研的一家民营企业，年合同总量在1万件左右，并对合同按照商务条线进行了分类，该公司设置了5名合同审核专岗法务来完成该项工作，其中4名专岗法务每人对应完成不同商务条线的合同审核工作，另1名法务作为所有合同的复核人，对重大合同

---

① 本书中公司的商务人员主要是指大中型公司中负责制定公司商务策略、组织商务洽谈、发展商业合作伙伴和分析市场情况等相关工作的人员，与业务人员职能不同。

进行复核，并抽查其他合同的审阅质量。由于该公司的经营需求，所有合同都需要在二个工作日内进行反馈，简易和标准的合同需要在二个工作日内截稿。请读者试想，在这种情况下，如果该公司没有设置合同审阅专岗的法务，仅靠外聘律师，可以说基本上是无法完成上述合同审核工作的。原因在于那么多的合同审核量，中小型律师事务所基于人力安排肯定无法完成，而大型律师事务所即使人手充足，也难以安排几名外聘律师专门从事合同审核工作，毕竟没有律师愿意仅从事合同审核这项单一的工作。再如，公司的股权架构管理工作中涉及大量的持股设计、股权变动、工商事务办理甚至董事、监事任命等工作，这一类工作涉及较多公司战略、业务安排、高管身份信息和公司资质等公司机密，从保密和工作的便捷性而言都不适合由外聘律师来完成。

（七）法务"性价比高"

公司总要算一算经济账，法务的人力成本也是高管关心的问题，笔者认为，法务是性价比较高的一种选择。首先，一名法务可以兼顾很多家公司的法律工作。例如，某集团旗下有15家子公司，其中5家是上市公司，那么某集团的法务既可以从事某集团本部的法务工作，又可以从事除了这5家上市公司以外的其他子公司的法务工作，虽然承担了十几个公司的法务工作，但一般仅支付1份工资。其次，法务工作时间长。法务在公司是全职的工作状态，一年基本上工作2112个小时（按照每月22天，每天8小时来计算），按照一般市场平均价格，一份10万~20万元的律师顾问合同一年所能够承担的最大工作小时数可能就100个小时。最后，法务沟通效率高。法务十分了解公司情况，也熟悉股东和高管的工作方式和性格脾气，所以沟通成本也会比较低，沟通效率自然就更高了。

## 二、法务是一份好工作

对于法学院毕业生而言，一份工作是否是好工作，最重要的是"活靓否"，其次才是薪酬和待遇的丰厚程度。法律人作为专业技术型人才在社会上立足的根本，一是专业，二是经验；而法律工作又是实践性很强的工作，无论是专业还是经验都需要从工作中来，正所谓"纸上得来终觉浅，绝知此事要躬行"。因此，对于法学院毕业生来说，工作能否带来更多的学习机会、能否培养工作能力应该是首要的判断标准。笔者认为，法学院毕业生工作经历的第一个五年，对其今后的职业有着深远的影响。工作习惯养成在这五年，思维方式养成在这五年，知识广度和深度的积累也在五年。值得一提的是，法务的经验值并不一定和工作年限成正比，对法务经验值的评价不能单纯看工作年限，这也是笔者在多年的法务招聘中总结的一条重要经验。笔者曾遇到虽然工作已达十年之久却依然十分"小白"的法务人员，其原因无外乎是这位法务一直处于工作内容比较单一、工作职责比较简单的环境中，其阅历、经验和应对能力都没能很好地积累，导致这位法务虽然工作时间较长但是却不具备处理复杂和综合事务的能力。同时，笔者也遇到过工作仅五年却已经是"老司机"的法务人员，这些法务人员的工作环境普遍很"恶劣"，大活小活都要干，大会小会都要开，合同、诉讼、工商、劳资纠纷等各种事务都要处理，甚至有些公司一人多用，法务也会兼任董事会秘书或行政主管。但是这种状态往往对法学院毕业生而言反而是有利的工作状态，如果在工作初期就能全面接触社会、接触不同条线，和不同背景、工作种类的人打交道，从事不同板块的法律事务绝对是一件大好事，因为只有这样，法务才能迅速适应社会，锻炼出应对能力，并使自己的工作态度真正落地。

（一）倒逼你成为"全才"的工作要求

有句笑话称"不能写商业计划书的会计不是好法务"，这句话实际上是要强调法务和其他法律工作者相比，综合能力的具备和跨界知识的储备更加重要。法务要服务于所有公司项目，光具备法律专业知识是远远不够的，因为在公司其他同事的眼中，法务必须是样样都懂，"无所不能"。也因为公司业务往往比较庞杂，法务面临的工作挑战并不一定是纯粹的法律问题。

1. 法务要对本行业情况有相当的熟悉度

法务对公司所处行业的特点、公司盈利模式、当年经济形势等均要深入知晓，这些知识会在并购、谈判中对法务工作形成支撑。例如，商务谈判中，可以预先判断谈判对手在行业中的地位、其产业与本公司的关联度，掌握谈判节奏和尺度，该强势的时候强势，该让步的时候让步。

2. 法务要对本公司技术要点有所掌握

技术的熟悉度会直接影响到公司专利、商标等知识产权保护的效果和措施选择；同样技术要点的熟知对诉讼结果的影响也很大，可以说对判决结果起到了关键的作用，法务如果不能把技术要点转化为法律要点，那么就无法在诉讼中取得胜诉先机。

3. 法务要具备一定的财务知识

具备到什么程度呢？笔者认为至少要读懂财务报表，弄清主要税费架构，还能明白公司的成本管理和预算管理。例如，法务在诉讼案件调解中,要考虑发票问题,款项支付的路径问题;在交易方式的确定过程中,也要考虑商业模式对税费负担的影响,如股权投资行业中,采取有限合伙企业的方式主要是为了避免二次征税的影响。

4. 法务要具备一定的商业意识

法务要能充分理解公司的商业规划和战略方案。一方面,要对商业逻辑作出法律解读,把商业语言转化为合同语言;另一方面,要把监管政策和法律要点转化为商业计划要点和商业语言。只有这样才能与商务人员无缝对接,顺利沟通。

(二)"受人挤对本领高"的工作环境

1. 对心性的磨炼

法学院毕业生刚到公司时,还是新人,可是却基于工作原因要对其他部门的合同、文件提出审核意见或建议,某些内容还要发表否定性意见。资深老员工可能会对你"吹胡子瞪眼""冷嘲热讽",质疑你的建议、怀疑你的能力更是大概率事件。新人的一腔热血在多次打击下慢慢变冷,激情逐渐褪去,但是分水岭就在此,如果能够顶住压力,练出脸皮、练出沟通能力、迅速熟悉公司情况、找准公司管理关键点、精进专业能力,那么新人就会蜕变成熟手,不再是"职场草莓"。

2. 职场"菜鸟"心路历险记

笔者曾遇到一名法律硕士,这位新人法律功底十分扎实,工作态度认真仔细、无可挑剔,工作效率也很高,但是其最大的弱点在于不善于和人沟通,无论是当面沟通还是邮件沟通,谈话态度无法做到"软硬适中"和"有弹性"。在工作谈判中总是败于业务"老油子"之手,但是这个新人很快注意到了自己的缺点,在工作交流中不断观察、揣摩成熟员工的谈话方式、谈判技巧，同时积极向同事讨教应对不同场合的沟通经验，并在自己工作的沟通中加以运用，慢慢成熟起来。后来该新人在年度工作总结中写了《职场"菜鸟"心路历险记》一文，回顾了其在"恶劣"工作环境下的成长经历，以下是该文的主要内容，希望对读者有所启示。

### 《职场"菜鸟"心路历险记》

对于一个刚踏入社会不久的职场菜鸟来说，一切事物皆是新鲜又充满挑战的，工作是一场冒险也是一场历练。学生时代的我，总以为法务这类文职工作，仅需要面对大量法律文件即可，并不需要与公司同事或者外部人员有过多的接触，我的理想就是安安静静地接受老板命令，处理文书。理想是美好的，事实却并不如此。与人的沟通是工作中非常重要的一项技能，并且是不可或缺的一项技能。而初入职场的我发现自己这方面有所欠缺，于是努力不断进行修炼，下面我将从如何修炼与人沟通的技能为切入点，诠释一只"菜鸟"的心路历程。

法务工作需要与人沟通。我入职后接到的第一项任务是到某个行政机关做公司登记变更，起初我有点瞧不上这份"小工作"，因为觉得这种变更只要按照法律、法规及公司章程的规定，按部就班走完登记流程就可以了。但是，当我来到这个行政机关，坐在这个行政机关的受理窗口老师面前时，我发现自己之前的想法是错的，当受理老师说你这份文件里缺少什么，那份文件里表述错误时，我的第一反应是和受理老师争论，但是争论了半天，仍旧败阵归来，最后还是按照受理老师的要求将文件全部修改。回来后我非常沮丧，觉得怎么就这么点小事也办不好，领导告诉我每个人对条文都会有不同的理解，与行政机关打交道尽量不要和他们起冲突，毕竟以后其他的工作都需要经过这个行政机关做登记，并办理这一道行政手续。在明白这个处事技巧后，我不再和窗口受理老师争论对与错，遇到办不下来的事情，将情况向领导汇报，由领导层面去协调与决策，这样既不会挑战这个行政机关的权威，也不会耽误领导要求办理的事情，以最高效的方式来解决问题、完成工作。通过这件事我发现，法务工作并不只是闷头看文件那么简单。

与人沟通对法务工作来说有其重要性和必要性。无论是我的领导或是我的父母，都觉得我在与人沟通上有点欠缺，父母总是直白地告诉我："你的情商可能为负数，待人接物要多一点圆滑，工作永远不是你一个人的单打独斗，需要各部门与各同事之间的相互协调与配合"，领导也总是建议我增加与人沟通的技能。在工作中，我慢慢发现父母与领导的教诲是正确的。起初的我，并不喜欢和业务人员打交道，总希望业务人员按照自己的意思改合同，但是这样的做法是错误的。对于业务人员来说，合同是各方交易达成一致意见的纸质化体现，是双方之间谈判后的结果。如果我不参与商务谈判，光看合同，除了合同是否违反法律、是否有效以外，我根本看不出任何问题，因为我根本不知道合同各方之间的交易模式是什么，商业模式又是什么，我只是在纠正字面上的意思。起初我只会按照自己的意思把那些自认为写得不清楚或者对我方不利的条款直接删除或者直接修改，也不过问经办人的意见，目的就是不愿意与业务人员有过多接触，这样的做法其实是错误的且不负责任的。领导告诉我，"对不清楚的事情如果不问业务人员，就自行删除，有可能直接改变了原本既定的交易条件，该合同有可能无法进行下去"，我觉得领导说得很对，我怎么能因为不想与经办人员沟通，做事就如此急躁、潦草，实则对自己的成长百害而无一利。在认真反思之后，我开始改变自己的工作方式与工作态度，遇到问题不清楚就开始问，于是，逐渐与经办人员沟通起来。一开始比较困难，因为觉得自己很傻，什么都不懂，在沟通中又会显露自己的无知。对此，领导建议我在沟通之前，先做一下功课，没有人天生就能明白世间万物，只有在做足准备后，才会有底气与经办人沟通，并且能够清楚经办人在说什么，同时也让经办人明白我在说什么。在沟通后，我才恍然大悟，以前的我有多么可笑，总去改一些根本没有必要改的内容，同时沟通后，也让我明白一项业务的具体流程和操作方式，让我增加了许多在课本上根本无法学到的知识。但是，与人沟通的技能也是需要多次锻炼才会有所进步，与其他同事的沟通技能、待人处事的方式相比，我远远不及他们，但是我坚信只要坚持历练，一定能塑造一个全新的我，如凤凰涅槃，浴火重生。

在学习与人沟通的技能中，一定会存在困难与挑战。如何妥善解决这些困难，也是修炼技能所必须要克服的事情。与人沟通中难免会磕磕碰碰，也会碰到一些"奇葩"之人。"奇葩"之人必定会干出"奇葩"之事，此时与他们的沟通更是考验沟通技能与自身修养的时刻，职场道路从来不是一条康庄大道，总有那么些人在道路上制造麻烦，并且挑战对方的极限。前不久，领导就演示了如何与"奇葩"之人沟通，由于涉及隐私，这里我就将这位"奇葩"同事简称为A君，A君在春节前拿来一份合同并告知合同所涉及项目比较急，所以想尽快帮忙审阅，我请领导帮忙，领导一看合同就对A君说："合同上写本协议为三方签署，怎么上面却只有甲乙双方，这么明显的错误您没看出来吗，语文学过吧。"A君愣了大概30秒，答曰："语文博大精深。"站在旁边的我着实愣住了，我内心的想法是A君怎么能在这种情况下蹦出这么一句话，领导接着又指出了几处错误，于是让A君自己先理理思路再把合同拿上来。在这短短几分钟内，我觉得有点冷场，如果是我，根本不知道该如何继续处理，但是过了几分钟后领导开始劝慰A君，表达出这个项目法务部不是说不行，只是你要先回去把有错误的地方改正一下，再给法务部审阅。领导的表态相当于给A君一个台阶，目的是让他先回去好好思考并且认真通读协议。那时我实在是太佩服领导了，我觉得如果是我，就会说这协议这么乱七八糟，你让我怎么看呢，然后双方就会僵持不下，但是这样根本无法解决任何问题。除了A君，我还遇到过说协议版本为法务确定版本，但事实并不如此的B君。也曾遇到总是找不靠谱的合作伙伴，合作伙伴一违约就来要求我们起诉合作伙伴"诈骗罪"的C君。慢慢地，我发现工作中永远不乏这些不靠谱之人，如果无法处理与他们之间的关系，工作就无法继续。其实，正因为遇到这些人，才让我在沟通方面有所提升，才能够更好地掌握

> 沟通技巧。
> 
> 总而言之，"菜鸟"除了要锻炼自己的专业技能，积累更多的专业知识，更要锻炼与人沟通、待人接物的本领，人从来不是只靠智商就能在这个社会上生存，更何况对于一个初入职场的人来说，我的人生才刚刚起航，难免会遭遇风雨雷电，但是我相信多学、多看、多听总能让我扬帆起航，行驶在浩瀚的大海中，找到属于自己的新大陆。

## （三）团队带你飞

### 1. 法务所在的团队是一个很重要的成长环境

团队内部的学习、培训都是"稀缺资源"，尤其是团队老成员的带教往往都是经验之谈，对于"白纸一张"的新人是十分宝贵的。法务团队一般会比律师团队联系更紧密，内部交流和沟通也会更坦诚，培训"干货"更多，新人更有机会通过具体案件代理、谈判过程、文件起草、外部沟通等环节进行观摩学习、体验总结。相对而言，担任法务的新人，被分配到实质性任务的可能性比较高，因为一般而言，法务团队人数的配比和工作量的多寡是不匹配的，人数配置少于工作量的情况较常见，所以往往不会让法务"闲着"，法务新人直接接触工作的机会较多。

同时，为了保证法务工作质量，一般都会设置 A/B 岗或者双人复核制度，法务新人的错误有更多机会可以被发现和纠正。只要法务新人能积极主动、不耻下问，一般都会在团队中得到学习和成长。另外，成熟的法务团队有着自己的架构，新人可以通过观察不同岗位设置的职责范围、要求、关键绩效指标（关键绩效考核）来学习法务的职业定位和法务部的运作机制。

2. 法务的领导力也在带领团队中得以提升

法务如果带领或者负责一个项目或一个版块的法务小组，例如，"诉讼小组""知识产权小组"，那就更加有机会可能锻炼到团队管理能力和领导能力。法务团队本身是处于公司这个大团队的环境下，由于法务深入公司的运营实践，有很多机会和可能性了解和学习公司所处行业的信息、动态、商业模式和发展前景，这些知识是不在公司深入工作的人无法获取的；同时，法务和公司高级管理人员一起共事，在工作中更可以从他们身上学到很多商业、公司管理的理念，学到处理突发事件和重大项目谈判的技巧，更重要的是可以学习他们成熟的思维方式和坚韧的心态。

（四）有指望的薪酬

法务的薪酬与公司所在城市或地区、公司所属行业、公司本身薪酬定级等有着很大关系，无法一概而论。总的来说，新法务到"老师傅"的过程至少需要5年，一毕业没干几年就想赚大钱的想法显然不太现实。笔者认为无论是法务还是律师一开始几年的薪酬肯定是比较微薄的，但是只要不断积累，肯定会厚积薄发。

1. 影响法务薪酬的地理和行业因素

一般而言，北京、上海、广州、深圳等大城市的法务薪酬普遍比二线、三线城市要高，主要是由于这些城市中大公司比较多，这些大公司薪酬支付能力比较强，所以身处这些公司的法务薪酬会相对比较高，笔者所处的上海、北京法务群体中，年度薪酬200万元以上的法务负责人并不少见，但是二线、三线城市的较大型的公司的法务负责人可能只有人民币50万元左右的年度薪酬，甚至更低。

同时，行业之间的法务薪酬水平差距也会比较大，金融行业和互联网行业的法务薪酬一般会比制造业的法务薪酬要高一些，大型金融企业的法务负责人年薪基本在人民币 100 万 ~200 万元；欧美跨国公司的法务负责人年薪基本在人民币 100 万 ~300 万元，处于中层的法务经理基本年薪在人民币 40 万 ~80 万元；大规模的民营企业法务薪酬近几年也达到了一定的高度，上海大型民营企业法务负责人年度起薪人民币 100 万元的比较多。

2. 影响法务薪酬的职位、岗位和工作年限因素

法务总经理和一般法务专员的薪酬会相差较大，而涉外法务专员的薪酬比一般法务专员的薪酬会有明显提升。从工作年限来看，3~5 年、5~10 年、10 年以上、15 年以上都有着相对固定的薪酬定位，可见法务是一个需要"熬资历"的工作。

读者可以在网络上做一些检索，智合法律等一些新媒体会定期出具法务薪酬报告，同时这些报告以调研数据出发，披露了法务薪酬相关信息和情况，根据年龄和法务岗位对不同性质公司的法务人员薪酬做了分析和展示，以及对于被调查的法务人群中能达到中等薪酬水平的人群比重做了分析。当然，以上报告只是反映法务行业整体的薪酬情况，个体的法务薪酬和很多因素有关系，法务自己的议价能力也是一个方面，可以肯定的是，法务的薪酬还是有一定竞争力的。但是如果将法务的薪酬与律师的薪酬相比较，可能会出现前高后低的结果，即在大家都刚开始工作时，法务的薪酬可能会高于律师，而当工作的后期尤其是律师积累了大量业务来源后，法务的薪酬可能会低于律师。

## （五）公司中越来越高的地位

很多法务都觉得法务部并不受公司董事会、管理层的重视，法务在公司里的地位不但不高，还会处于尴尬的境地，话语权并不是那么强，当法律观点遭遇销售诉求时，法务就很可能要给销售让步。笔者认为，公司董事会和管理层把法务部定位为二线部门是很正常的事情，在公司中一线部门肯定是销售部门、生产部门。例如，保险公司，一般都分为前线和后援，前线就是销售部门，主要是销售保险产品的业务员团队，后援则是理赔、核保、客户服务、财务部、培训部、人事部等。保险公司的业务指标肯定是依赖于前线的工作，而后援的主要工作内容肯定是保障和服务。但是即使是销售业绩至上的保险公司，其对风险管控并没有因为业绩考核而放松，相反除了专门的法务部外，在理赔、核保这样的关键岗位上都有法律背景的工作人员。笔者发现，目前设置法务人员或者法务部门的公司越来越多，这说明公司管理者的价值取向越来越向合法合规发展公司的价值观倾斜。

### 1. 法务地位的提高和合规的大环境有关

无论是法律环境还是监管要求，公司的违法成本都会越来越高。公司对合法经营、合规管控和风险预防的内生性要求越来越强烈，这是因为现代公司光靠骄人的销售业绩已经无法战胜同行业的竞争者，而在市场大潮中不进则退，公司的竞争优势要靠高效的管理和有效的管控来实现，法务的价值自然会逐步体现。

### 2. 法务地位的提高和自身的能力有关

除了上诉客观环境因素的推动外，法务人员的专业能力、综合能力如都满足所在公司的要求，则其地位和话语权一定会稳步提升。笔者认为，法务的地位不但依赖于公司股东、董事会和高级管理人员的价值取向，更重要的是取决于法务自身的能力和实力。如果法务可以急股东之所急、满足股东的需求，帮助决策者解决燃眉之急，给高管提供有效的解决方案，那么法务在公司中的地位怎么可能不高？

（六）机动的职业选择

与从事其他法律工作相比，选择法务的工作可能会因此具有更多的视角和经历，从而更能为今后的职业规划和选择铺设道路。

1. 深入理解公司的运营

一个公司的运营包含方方面面的事项：产品的设计、技术的更新、市场的开拓、服务的提升、质量的管理、成本的控制、税费的筹划、融资的实施、竞争的应对、消费者的聚集、业态的调整、产业链的布局、境外市场的开拓以及资本市场的运作等。作为一名法务如果用心，可以接触到公司运营的全过程，了解到公司管理的所有内容，不但可以学习到销售、财务和公司管理等各种知识，还会和不同业务条线的同事深入接触，学习到不同的思维方式和工作方式，甚至了解到行业情况、技术背景等综合性的信息。这种工作状态不但使法务有着更深的社会体验，还为其今后的职业选择提供很大的机动性。

2. 与公司共成长

法务最大的收获是可以和公司一同成长，法务可以参与和见证公司从小到大、从大到集团化的成长历程，也可以经历公司"乱拳打死老师傅"的粗放式管理模式到现代企业的精细管理模式的变迁，从单一的盈利模式到复合盈利模式的商业跨界之路。法务因为扎根于公司，日日体会、深入感受，在这些经历中法务不是旁观者而是参与者，所以这种经历和体验十分深入，远远比外部顾问"浮光掠影"式的感受深刻。这些经历是法务特别宝贵、特别特殊的财富，所以法务在转换职业时，更具有机动性，实践中不乏法务转行律师、转行运营高管、转行大学教授等不同职业的案例，所以法务的综合性能力决定了其在职业选择上更具有机动性。

（七）不同行业法务的工作感受

笔者请不同行业的法务谈谈自己的法务工作感受，供读者体会。

制造业公司法务的工作感受：供不应求时，我可以任性，你只能包容；供大于求时，我待你如初恋，你却虐我千百遍。

农业公司法务的工作感受：我是公司的一块砖，哪里"墙"缺了就往哪里搬，默默支撑着公司这面"墙"，挡住"墙"外的风险，守护"墙"内的合规。

商业地产公司法务的工作感受：似"防火墙"般控制风险，像"鲢鳙鱼"清洁水质一样处理公司各种疑难问题。

大型能源类公司境外法务的工作感受：我觉得最重要的还是商业意识，这是在公司里和在律所里最大的区别，法务往往能够将交易置于公司所面临的市场环境中进行考虑，在合法合规的前提下，确定交易是目前的市场环境下最佳选择和路径，或是最经济的，抑或是从战略层面最符合企业发展的，而不是一味地从风险最小的角度，否定交易结构和交易。所以我特别不认可"合同杀手"这一称谓，我觉得这个不是法务可以引以为傲的，可以引以为傲的是在需要进行交易的情况下，尽可能降低风险，实在不行，要尽可能进行风险提示以加强自我保护。

外资制造业公司法务的工作感受：法务需要不断地自我提升，站在公司全局的角度思考问题，抓住核心，全面分析利弊，同时不拒绝领导交代的工作，哪怕是自己不擅长的领域，经历过才能变成自己的知识，不害怕自己的想法不合适，敢于和资深前辈交流意见以达到快速成长，拥有独当一面的能力。

证券公司法务的工作感受：在公司里做法务跟做律师应该有很大的不一样，要牢记自己做事的目的、所处的位置和存在的意义，专业知识有时可以有、有时不能有，对我们来说，比纠纷更难缠的可能是其他部门，比案情更棘手的可能是揣摩对方的意图。

# 第二章 锚定方向：法务的职业定位

由于所在行业和公司的差别，面临不同的工作要求，法务会呈现不同的工作状态。本章首先全面对比了法务和律师，帮助读者理解法务工作的侧重点；之后分别阐述了不同所有制性质公司法务工作的特点，以及上市公司法务的工作特殊性，以便读者深入体会法务这一细分职业。

## 一、法务和律师的全面比较

在上一章中，笔者就外聘律师无法在功能上完全替代法务做了简单的论证，并未系统地阐述律师和法务的区别。律师和法务是专业基础和工作相似度比较高的行业，笔者写作本章的主要目的是通过对两者差异性的讨论，来使读者更好地理解法务工作的定位和职业特点。笔者拟从以下四个方面向读者展示法务和律师职业差异的原因和表现，并邀请资深律师事务所合伙人根据其和法务的多年合作经验，发表其对法务的看法，便于法务从另一个角度来审视自己，也为读者提供一些参考。

（一）法务工作的特殊性

由于法务职业发展时间较短，又是法律行业中的细分岗位，很多人无法区分法务和律师的不同。其实，法务之所以能够独立成为一种职业分类，是因为其工作内容、工作思路和机制均有独立于律师的特殊性。

1."坐班制"与"自由职业"

法务通常都是某一公司的员工，签订劳动合同，专职为该公司工作，必须遵守该公司的规章制度和劳动纪律，一般都是要"坐班"的；而外聘律师则既可能是律师事务所的员工，也可能是律师事务所的合伙人（老板之一），作为律师其可以担任很多家公司的外部法律顾问，律师被称为"自由职业"的主要原因是律师一般不需要坐班，可以自行安排工作时间和工作地点，当然如果是采取"公司制管理"的律师事务所，该所的聘用律师（律师事务所的员工）也需要进行一定程度的"坐班"。虽然这只是表面差异，但是工作环境的确造成了工作内容的不同和思维方式的差异。

（1）法务和律师所面临的沟通环境不同。法务的工作环境和律师相比可能更复杂，一个大型公司的法务日常要打交道的人群可能比律师要多，内部法务要和所有横向部门做沟通，例如，财务、商务、技术部门、采购、销售……每个部门就同一个事情的出发点和诉求往往很不一样，这就需要法务人员熟悉各个部门甚至部门领导、关键人员的工作作风以便于推进沟通。律师的工作环境相对简单，在律师事务所内部一般没有公司那么多部门，沟通成本会低一些，沟通效率会高一些。而在服务公司的过程中，律师一般不用多头联系沟通，仅需要和法务或者指定联系人沟通，不用理会公司内部的关系。

以下是法务专员和商务人员的二则对话场景，从中可以体会法务的工作氛围和不同的交流方式。

## 场景一

商务人员张某：李某，我有一份合同，马上要，是销售总监王总关照的，你帮我看看好吗？我在这里等着。（典型的"立等可取"，而且抬出高位领导，这种情况有几种可能：善意角度，可能是商务人员没有流程意识，想跳过流程直接办成事情；理智角度，可能是商务人员的这份合同中有漏洞，不想给法务留正常的审核时间，想蒙混过关。）

暴躁的法务专员李某：这怎么可能？完不成的，你没有提前登记，我这里还有好多合同等着回复……（这种是失败的沟通方式，容易"点着"对方，解决不了问题。）

张某：我不管，你们法务的事情自己解决，搞不定去和王总说。

李某：反正我出不了。

销售总监王总：李律师啊，这份合同很重要啊，今天出不来，严重影响业务啊！这个责任没有人能承担啊！

李某：……（李某陷入被动境地。）

下班后李某还要辛苦加班，时不时还要给张某打电话，问交易情况……

## 场景二

商务人员张某：刘某，我有一份合同，马上要，是销售总监王总关照的，你帮我看看好吗？我在这里等着。

机智的法务专员刘某：哎呀，张总，好久不见啦！合同那么着急，最近你很忙吧，辛苦辛苦！（先打感情牌，再狠的人也不打笑脸人，其实东拉西扯就是不接你的话。）来、来、来，你好久不见我们法务内勤赵某了吧，来我领你去，见见美女休息休息，顺便做一个合同登记啊！（刘某边说边把张某拉到法务内勤赵某处，其用意很明确，就是履行流程，按照法务合同管理制度先做登记，同时让张某看看，前面排队的合同真得很多，大家都很着急，大家都守规矩，你好意思插队吗？）

到了法务内勤登记处，刘某：张总啊，你看我们登记表上还有那么多合同，根本看不完啊，你的合同最起码三天啊！

张某：那怎么办，王总要的呀，我也没有办法啊（面对态度很好的法务人员，张某也不好意思放狠话。）

刘某：我也想帮你先看啊，可是排在前面的人会骂我啊，大家都很着急啊！要不你看这样，让王总给我和我的领导发个邮件，指明要求我们立即看，让你插队进来，不然其他副总来，我也不好对付啊。（不想按规矩办事就要付出代价，不是为难你一个人，是要维护制度，法务自己都不照章办事，别人怎么又会守规矩呢？）

张某：你的哪位领导，你们法务部领导那么多？

刘某：就是我们法务部总经理杨总啊，她和你们王总一个级别呢,你这事情属于特事特办,要她邮件同意呢。(明确告诉对方这个事情不是我的权限,你要和我领导说。)

张某:怎么这么麻烦?

刘某:还有,我看这个合同内容挺复杂的,准备晚上加班了,请你一起加班哦,我要和你好好讨论讨论哦!(现场商量效率最高。)

张某:那不行啊,我晚上有活动啊!

刘某:我也有事情啊,我准备推掉,你也推了吧。不然这个合同我一个人做不出来,是不是王总叫你去?我来帮你去和王总说,让他安排你不去吧!

张某:(迟疑了一会儿)那我再想想办法吧!

半小时后张某打来电话:那算啦,我今天先不要了,明天下班前给我好吗?

刘某:也就是你,我给你赶工,下不为例哦!你把电子稿给我,把重要条款先标出来,背景情况和交易说明写个邮件发给我,不然还是来不及哦!

张某:……(陷入沉思。)

半小时后,刘某拨通张某电话。

刘某:张总啊,你的插队邮件怎么还没有看到,快点发出来哦,我领导不回复同意我也没办法开始的哦?(明确工作时间,不要被指责合同耽搁太久。)

张某:……(陷入被动境地。)

给读者展示上述场景,并不是要教读者推脱责任、"打太极",而是想让读者领会作为法务要严格维护法务工作流程,该做的登记、该履行的审批手续，不要嫌麻烦，一定要落实，不要随意违反规则给业务人员"开小灶""抄近路"。另外，沟通一定要有艺术，不要"硬碰硬"，语气可以温柔，但是语意一定要坚持原则，要让大家知道照章办事才是最有效率的工作方法。

（2）法务和律师面临的沟通内容不同。法务日常沟通的内容十分繁杂，并不一定全是法律问题，笔者曾被问过各种五花八门的问题，例如，公司的财务人员问出口退税账户如何开设。合同对方将合同盖章后不肯返还，我们该怎么办？工会主席被工会成员投诉要求改选应如何处理？市场监督管理局不受理公司自己起草的章程应如何处理？退休人员要求原公司支付煤气初装费应该如何处理？公司合作银行要求公司高管提供私人信息应该如何处理？公司所处的街道请求公司给予慈善捐款是否可以拒绝，如果给予捐款是否可以做纳税抵扣？新闻媒体就某一特定事项邀请采访公司高级管理人员，在采访中应注意哪些用语？法务面对这些非纯法律问题，绝对不能说因为不是法律问题，所以我也不知道或者所以我不回答，还是要根据公司实际找出处理方法，或是安排更合适的部门接手处理。律师在这方面可以自行选择是否答复，机动性比较大，如果不愿意接该业务则可以予以拒绝。

（3）法务具有更多的内部工作属性。法务必须熟悉公司所有授权和审批流程，能够预计事项的办理时间和周期，知晓碰到紧急事项如何可以快速办理完毕内部审批，如要在裁定 10 日的上诉期限内完成上诉材料的制作、上诉决策的审批、上诉费用的支付等事项。律师则更关注外部相关部门的流程要求，如法院诉讼流程、公安办案流程、仲裁案件程序等。笔者将在本书第三章向读者展示一般的法务诉讼程序审批流程和相关表格。

法务需要承担某个公司项目的牵头人工作，这项工作需要将项目任务分解，确定责任人、配合部门，明确工作时间进度表，在过程中还要进行项目管理、过程控制、工作督办。律师往往是这些整体工作中的一环或者某一项具体工作的负责人，并不需要起到统筹协调的功能。笔者将在本书第三章以投资并购模拟项目为例，形象说明牵头人工作的基本框架和模式。

（4）法务和律师交叉重合的部分工作。法务和律师的外部关系有重合也有交叉，法务经常性的外联单位通常有几类：司法类，例如，法院、公安机关、检察院、政法委、仲裁委等；行政监管类，例如，市场监管部门、海关、税务局、房产局、人力资源局、教育局、交通局、金融办等；行业监管类，例如，银保监会、证监会等；协会类，例如，证券业协会、银行间交易商协会、证券交易所、金融交易所等；中介机构类，例如，券商、会计师事务所、评估事务所、律师事务所、银行、招标代理机构等；市场主体，例如，供应商、客户等；媒体、危机公关机构法务也会联系。集团的法务往往由于集团业务板块多、跨度大，其工作中所涉及的外联机构则更多，上述列举的机构很可能都需要建立业务关系。律师的外部关系可能会根据其业务种类和业务范围的差异而有所不同，但是一般而言，由于法务需要协调的外部关系与公司经营业务基本一致，因此会比律师更宽泛一些。

2."风险预防者"与"纠纷终结者"

（1）法务往往是风险预防者。从公司对法务和律师的服务要求和介入公司事务的时机而言，法务更偏向于"风险预防者"的角色，也就是说法务介入公司法律事务的时机一般在业务起步早期，或者方案确定前，重点在于规避商务方案中的法律风险，控制商业活动的合规风险。有的法务还负责公司的合规工作，合规的预防作用就更加明显了。一般而言，合同审核、商务方案核定、合规工作都属于风险前置的管控设计。有些公司的法务还兼职了公司内部反腐败和反商业贿赂的相关工作，这一部分的工作也是公司风险防范的重要内容。

（2）律师往往是纠纷终结者。律师通常在发生争议甚至酿成诉讼、仲裁时才介入，公司聘请律师的主要目的是解决特定案件或项目的纠纷，避免败诉或违约的损失风险。当然，也有律师替代了一部分法务风险前置的工作。法务在公司管理中承担的是长期的、稳定的、细水长流式的工作模式，律师更多的是要进行攻坚战，在特定阶段对某个特定的案件进行集中处理。同时，法务的法律服务范围和风险防控视角会覆盖公司生产和经营的全流程、全方位，而外聘律师一般是在某一个特定阶段和特定范围内提供其法律服务。

（二）晋升空间的差异性

法务和律师的晋升通道和职业规划会有较大差异。法务在公司中的晋升主流趋势是晋升为分管风险控制、法务或合规的副总经理或副总裁。而律师一般的晋升通道是成为律师事务所的主任或合伙人。

1. 副总经理/副总裁与主任/合伙人

按照现在主流的法务岗位职级，在从法务"菜鸟"晋升到终极职位一般会经历以下过程：法务主管（工作2~3年）—法务经理（工作3~5年）—法务高级经理（工作5~10年）—法务总监（法务部负责人，工作10年以上）。而律师的职业晋升路径就相对比较简单了：律师—初级合伙人—高级合伙人—主任，虽然阶段变少了，但是阶段的跨度却变大了，跨越起来也更艰辛。

2. 不同行业对晋升的影响

在法务和律师的职业道路上，在专业细分的选择方面有类似，也有差异。法务的专业细分更多依赖于公司行业定位和业态特点，例如，互联网金融行业和传统的银行类金融行业相比有着其独特的风险控制视角，对互联网金融的监管要求有着不同的侧重点。法务如果一开始就在银行、保险、医药等比较具有行业监管鲜明特征的公司工作，那么该法务会积累大量的本行业所特有的工作经验，具有在这个行业的法律事务方面的深入和广泛的经验，但是其不利因素就是其综合性的法律经验就会相应地弱化。所以我们经常可以看到在金融机构从事法务工作的同行，即使跳槽往往也是在同行业的不同公司或者行业大类中进行，例如，银行资深法务跳槽到信托公司、融资租赁公司等。除了这些在细分行业工作的法务以外，一般制造业的法务相对比较综合，虽然制造业本身的行业差异性较大，但是在制造业细分领域工作的法务还不是很普遍。而在律师市场上，一般的律师其所接触的业务似乎会更加综合，但是一些规模化和公司制的大型律师事务所的业务细分也已经达到一定的程度，在这些细分领域工作的律师往往会成为某一业务领域的专家。

虽然笔者列示了以上种种法务和律师的不同，但是换一个角度讲，因为法务和律师都是从事法律专业工作的，其共同点肯定比差异多，正因为共同点很多，法务和律师之间的角色转换也十分常见。笔者和身边的转为法务的律师朋友做过深入交流，发现律师转作法务的原因，大多是希望过上稳定有规律的生活，可以兼顾生活和工作（其实有些法务也会很忙碌，工作强度并不低于律师）。还有一些非合伙人或者没有分红权利的初级合伙人、挂名合伙人，其实其薪酬也没有想象中的那么高，转行做大型公司法务负责人或者高级法务经理可能还会获得更高的薪酬。还有一种相当典型的原因，就是某些律师在从事律师职业几年后，才发现自己并不适合当律师，不适合的原因各有不同，例如，性格不够外向、拓展业务能力不足、身体条件不适合"连轴干"的工作节奏等。当这些律师化身为法务后，通常也并不能够立即进入角色，同样需要调整和适应。而法务转行去做律师的现象也屡见不鲜，这类现象出现，主要原因是收入因素，还有就是有些法务工作内容比较单一，无法锻炼能力和阅历。同样地，法务转作律师也需要调整和适应。

（三）律师看法务

1. 以法为器，务本求实，这就是律师眼中的法务

在现代公司中活跃和忙碌着这样一批人，有时候像蚂蚁一般事无巨细，不厌其烦地处理着海量合同和纠纷，有时候又像森林里的雄狮，维持着整个公司生态的安全和平衡——他们就是公司的法务。

如果说法官的使命在裁断是非，检察官的使命在提告邪恶，律师的使命在伸张权利，那么法务的使命在健康公司"肌体"。对内而言，法务工作者避风挡险，将一个个预知的法律陷阱消于无声，化险为夷；对外而言，法务工作者时而冲锋陷阵，时而掷地有声，用他们的智慧捍卫公司的利益和荣誉。法务所服务的公司，并非只是抽象的"人合"或"资合"，它具体如一棵良木，需要法务用心地扶正、守护，使其成为一个能够自我修复的健康"肌体"，进而在营利之外，亦能不断净化与改造置身的行业。法务当有医者心，治公司病，并且治未病。

大海航行需要靠舵手，公司经营就像驾驶一艘航行在茫茫大海中的船，前进、停止、后退全靠舵手的指挥。而法务就是船上的帆，确保以上指令的执行到位。法务虽然不能掌控风的方向，但可以决定帆的升降。公司如果没有法务进行法律风险控制的护航，就像一只没有帆的船，所有指令都会失效，所有进退都会失据。公司法务进行法律风险控制工作追求的不是一两个项目的成败，而是追求标准化在业务中形成的范式心理，最终深入影响到每一笔交易的稳定和安全。

法务首先是公司的一员，其次才是法律服务工作者，以公司员工的身份与公司同舟共济，以公司的商业为纲，以法律为领，一切以在合法的范围内成就商业为目标。以最小的成本保障公司最大的法律安全，创造公司的商业价值，实现公司的法律风险管控，促进公司业务的健康发展。

2. 境外律师说法务

笔者邀请一位境外律师为本书提供了以下内容，主要是从境外职业律师的角度来评价法务，描述境外法务的主要工作内容和职责，读者可以对比自己或者身边的法务，看一看在这个问题上，境外律师的观点和国内是否有差异，同时该文也有助于读者对境外法务的工作做一定的了解。该名境外律师在某知名律师事务所工作，该所是国际顶级的律师事务所，在全球16个国家及地区设有27间分所，业务覆盖中国、日本、新加坡、澳大利亚、英国和美国等国家。该所在亚太地区拥有1500多名工作人员，其中包括700多名律师和176名合伙人，在中国的北京、上海、香港，日本的东京及新加坡的一些城市都设有办公室。该所在投资环境、法律规范以及税务风险等方面提供优质、卓越的法律意见与投资建议。以下内容的撰写者唐元飞律师是该律师事务所中国业务团队联络人,负责中国客户的日常联络与交流,该团队在商业领域,尤其是并购、能源与资源、跨境交易以及与中国业务相关的投资领域为客户提供法律服务。

## 举例子 法务的职责

*1. 概要*

法务与律师一样在各个方面都受到相同的认可与尊重。两者唯一的区别在于法务仅针对单一委托人(公司/雇主)并提供法律服务。法务必须与律师一样遵守相同的执业准则与标准。作为法务,他们对雇主、法院及律师都承担相应的职责与责任。然而,在特定情况下,他们对法院的义务与维护公平正义的职责会优于他们对公司/雇主的相关义务。律师与委托人间的保密协议也同样适用于法务与公司之间。

*2. 客观与忠诚*

通常来说,忠诚指的是法务必须在执业行为所允许的范围内帮助公司实现其利益与目标的最大化。然而,法务的法律意见有时可能存在与公司业务方针不一致的情况,所以法务提出的意见也同时需要兼具客观性。

显然作为雇主,公司更在意的是雇员的忠诚度,也因此倾向于聘用那些对于公司发展目标具有相同认识的员工,包括法务。

但站在律师的角度,法务是主动接受公司的聘用,有别于普通律师那样遵循"的士站原则"（又称"驿站原则"），即律师不得因自身喜恶接受委聘。因此，可以说从一开始律师与法务就存在一定区别。虽然此类区别的最终影响还未有定论，但至少对于法务而言，受以下三类因素的潜在影响，对于公司的忠诚将会不可抗拒地影响到法务提出客观的法律意见：（1）公司中的人际关系；（2）雇主与雇员的关系；（3）缺乏相悖观点。

### 3. 法务所负责的法律工作类型

根据不同需求，公司会成立不同法律团队。一些法律团队可能规模很小，但其职责如守门员一般重要，而有些法律团队的规模很大且需要负责各种类型的法律工作。有些法律团队工作会涉及日常业务的方方面面，而有些法律团队则明确指出不会做特定类型的工作。通常来说，法务会负责以下三类工作：第一类为纯粹的法律工作（例如，为公司提供法律意见）；第二类为负责与律师事务所的律师进行接洽与委聘工作；第三类为策划或协助公司的相关交易项目。

第一类工作的字面意思非常直白，很好理解。第二类工作常见于公司与律师事务所的业务当中。站在律师事务所的立场而言，律师事务所的律师通常也都认为设有法务岗的公司更容易打交道，一起工作也更加融洽。第三类工作则更为有趣。因为法务不仅提供法律意见、对现有的情况进行分析，也为公司达成目标而选择、拟订合适的交易结构（或解决方案），以此创造收益。法务（与律师不同）特别适合进行这类工作，因为这类工作需要对公司的业务目标、交易方案及人员结构有深入理解，尤其在公共事业单位或涉及政府保密项目的公司中更能体现出来。

诸如此类工作的确模糊了法律咨询与商业咨询的区别，但是如果满足以下两个条件，可以在一定程度上解决这一问题：（1）由业务团队负责汇总各方意见并制定业务目标；（2）明确律师提出的相关商业意见不属于法律特权范畴。

### *4. 对委托人／雇主的责任*

对于法务而言，其委托人是公司整体而非特定管理人员。虽这么说，但在实践操作中存在很多问题，如对委托人的责任问题。律师不太可能会遇到这类问题，因为与律师进行接洽的当事人都很清楚自身或所代表群体的诉求，并且律师也很清楚地知道谁是他的委托人。但作为公司内部的法务，在实际操作中公司实体通常是由董事、管理层、部门经理等高级职员来给予指示，所以法务往往假设董事、管理层等给出的指示即为委托人（公司）的指示。在法务认为董事、管理层或其他人员超越其行使职能范围时，将会产生一系列问题。在这种情况下，不能再将上述人员视为公司的代表，这将出现公司、管理人员、法务三方冲突的局面。解决此类问题的核心在于公司，但法务需要在冲突事件发生时明确其自身责任底线。

### *5. 保密与不公开义务*

一般来说，律师有义务保护委托人所提供的信息以及在行使职能期间所获得的保密信息。对于法务而言，基本所有从委托人处获得的信息都是不可披露的。虽然以上情况也存在例外，但发生的可能性较小，且通常只有在律师意识到可能有犯罪行为的情况发生时才适用。无论如何，披露不应该是律师回应上述情况的第一反应，并且律师就委托人的错误行为提供法律意见是受到限制的。这个规定的问题在于，因为律师必须运用所有信息以及尽自己最大努力使得委托人达成目标。但对于法务而言，如果某位董事或经理"私下"告知其某类信息，但该信息又正好会影响公司的另一决定，则法务将会陷入两难的局面。这类问题与前文讨论的客观与忠诚问题类似。如果法务认为公司制定的目标不明智，则需要通过合理的汇报程序将这一想法展现出来。但不应该发生类似"告密"的情况。尽管法务是针对公司整体而不是某个负责人，但是在其雇佣条款或法务部门的内部结构中很有可能明确了法务应该就这方面的顾虑向上级汇报。从整体上来看，让法务"公开"自身顾虑与法务本身的义务并不相悖，但可能会与作为一名"雇员"法务的义务不一致。同样，普遍来讲，很难看出这种告密行为会与公司的目标相一致。

### 6. 委托人违反法律法规的行为

委托人有权就其未来行为所可能导致的后果要求律师提供法律意见。在这方面，法务的义务与律师一致。此外，目前没有法律禁止律师为委托人就所发生的违反法律法规行为提供法律意见，从而帮助委托人尽量减少所需承担的法律后果。然而，律师的意见不可以涉及违法行为，也不能引发进一步的违法行为，如破坏文件等。如上所述，除非在可能导致刑事犯罪的情况下，律师不得披露委托人的未来行动，即使该行动可能不符合某些法律与规定。

### 7. 真实客观的法律意见

律师有义务提供真实和客观的法律意见。对于法务而言，上文陈述的问题使得其在履行该项义务时可能存在很大的困难。另外，如果由法务负责交易结构的制定，那提供真实、客观的意见则变得尤为困难。在这种情况下，就主要问题获取一些律师的法律意见是非常有效的方法。这也从侧面证明法务缺乏相悖观点这一问题。

### 8. 总结

委托人通常会向法务指出他们想要的结果是什么，而不是他们想通过何种机制来达成他们的目标。最初的挑战在于如何在剥离（在法律上存在缺陷的）机制后确定什么才是委托人实际想要获得的结果以及如何实现目标。接下来的挑战对于法务而言就在于了解客户想要的结果并制定一种风险较小的方案来实现目标，具体来说，也就是如何更好地作为结构制定人来策划交易方案。

---

（四）职业的相互转换案例

1. 律师转行做法务的心路历程

分享者崔某，原为锦天城（上海）律师事务所律师，现为苏州某私募股权基金风险法务总监、合伙人，负责基金风险管控和法律事务。

崔某分享了以下心路历程：

> 作为授薪律师执业四年多，转至投融资领域从事风险管控及法律合规工作。对于个人而言，从律师向法务的角色转换过程中，波折较多，但回头想来却也感觉收获良多，也颇为有趣。（1）对工作能力的要求有增无减。周围许多法律界人士认为法务比律师的专业性、工作强度低，甚至有人认为法务只是律师和公司之间的传声筒。然而从我的个人执业经历来看，法务若要做得精、做得好，其专业水准、工作责任心都不能有丝毫放松，甚至在某些能力方面，如沟通协调能力，较律师要求更高。（2）专业问题的判断能力和风险化解能力需要不断提高。虽然大型公司往往配备律师作为常年顾问或者专项顾问，但是，由于受限于其时间精力以及其外部角色的定位，律师往往无法对公司业务、项目深入了解、时时跟踪，也不能对内部涉密情况通盘掌握。因此，法务作为掌握上述信息，同时具有

专业技能的人,是协助作出重要决策的重要一环,那么对其专业判断能力以及工作责任心的要求也就不言自明了。(3)敢于在必要的时候说不,同时不能忽视沟通方法。法务在协调沟通难度上,有时比外部律师更大。法务作为公司内部员工的角色定位,加之公司逐利的天然属性,公司对法务的要求,相比律师,除了识别风险以外,更重要的是化解风险、找到取而代之的合理和可行的方案,因此,法务不能轻易对项目说不。但是,对不可为的项目,法务必须适时表明立场,一方面避免公司面临巨大风险,另一方面避免业务部门在不可能的项目上浪费更多时间精力。但在此过程中,法务往往会受到来自前台业务部门的巨大挑战,所以法务的论述表达能力、关系协调能力以及对不同性格的被说服对象的情绪的掌握能力都需要在实践中不断摸索,慢慢提高。与此同时,法务面对跨部门领导以及同事的不合理要求甚至责难时的内心承受能力,也都是需要不断在"斗争中"逐渐积累和越发强大的。(4)更为复杂的人际关系。如上所述,由于公司内在利益的驱动决定了法务沟通难度的加大,这无形中给法务的友好工作环境客观上增添了难度。此外,由于公司往往比律师事务所的层级关系、部门关系更为复杂,所以法务需要面临的人际关系远比律师事务所中简单的人际关系复杂多变,当然,这其中不排除遇到不同公司文化、不同团队、不同个人而带来的特殊性。在公司的大环境中,既要做好公司的"防火墙",又要保有良性、友善的工作环境,形成有效的沟通渠道,也是法务在日常工作中极为重要的一环。

**2. 法务转行做律师的心路历程——风景就在路上**

分享者徐某，原为江苏某投资控股有限公司法务负责人和董事会秘书，后转行至国内"红圈律师事务所"任律师。

徐某分享了以下心路历程：

司法人员执平衡之法，衡平如水自不必多言，但从职业特点而言，在司法人员、公司法务、执业律师三者之间，公司法务体现的平衡特点，恐怕不亚于执法断案。

一是在个人与组织之间相互平衡。公检法机关属于行政机关，具有较强的组织化特点。律师则不同，个人自由度较大，单打独斗的情形比较常见，往往最为缺少的是组织的依靠。公司法务则介于两者之间，有组织行政化的约束，但是不如行政机关那么明显，同时背靠公司，不至于是无根之萍。其实，司法机关和执业律师，最近呈现的一些动态，都是针对个体和组织之间的均衡作出的变动调整，如法官、检察官的员额制，突出了职业的专门化特点，多少体现了个人或者群体中一部分人的自由度；而律师事务所则大所之风盛行，中小所合纵连横，实际是把以往律师个人的执业竞争转化为团队品牌的竞争，正在日益突出组织特性。而公司法务先天在这两个方面均衡性比较好。

从均衡性来讲，公司法务是非常好的选择，从公务员到律师，其实转变的"烈度"相当大，这也是往往迈不出最后一步的重要原因。生活方式、思想意识，各方面的转变，不是亲身体会，恐怕无法想象。这也可以解读为个人和组织之间关系的剧烈变化，需要比较深刻的重塑调整。而选择从机关到公司走法务这条路径，会比较好适应这一过程。打个不恰当的比方，在机关是匀速长跑，5年、10年的工作经历在机关恐怕算不上资深。律师是短跑，常常要冲刺，接案子上项目，事情来了必须要大干快上，通宵达旦不是偶尔，旅途奔波那是家常便饭。长跑往往枯燥，冲刺则容易疲惫，悬殊太大。倒是法务，有点类似于中长跑，工作内容可以预见，不过也经常会换项目，很多时候下有律师协助，上有公司背书，不至于把压力全放自己身上。

诚然三种职业各有各的优势，从体制内走出去头顶上是或明或暗带着光环的，去做法务，公司一看，这不一样嘛，公务员队伍进入不易，"免检产品"。律师的优势不用多说，很多辞职下海的都选择了这一行，缺什么补什么，原来行政有余市场不足，现在彻底市场化，激励机制纯市场化并且高成长性。

公司法务相对均衡，辞职干律师不是每个人都能迅速上手的，要奋斗爬坡那还得找到坡才行。公司法务则不会有这方面的问题，如果说在机关看到的是法律上层的运作，那么在公司则可以看到经济活动的具体运行，直接做律师，没有业务恐怕很难接触这些。在公司会看到，投资是怎么洽谈的，怎么落地的，董事会会议是怎么开的，甚至商务谈判是怎么"吵架"的，这些经历虽然不一定都能转化为有用的专业知识，但是它给了感性认识——大概就是所谓的眼界和视野吧！另外，公司法务有现成的学习平台，本公司行业领域的知识，公司法务最熟悉，如矿政管理、药品流通，一般的律师不会把知识构建到这么细的程度；同时，法务可以向律师学习，公司一般都有外聘律师，这些律师大都执业多年，看看他们怎么做业务的，客户是怎么接待的，邮件是怎么发的，这些细节对于从零开始的人而言，弥足珍贵。

二是在办与不办、自办与交办、服务与管理之间平衡。首先，事情是不是属于法务部门领受，这个前提很重要。公司其他业务部门对法务是"爱恨交织"，法务不在一线"接单"，老是提这样那样的问题，颇有些"看人挑担不吃力"的味道；而同时又希望法务经手，经过法务流程，好比上了道保险，出了事总有法务当后盾。其次，有许多与业务有关的问题是法务自己可以解决的，但也有相当部分有赖于律师完成，是自己办还是交给律师办，是考量各种因素的"艺术活"。自己办有自己办的好处，费用低、情况明，不过法务需要有相当的担当勇气。交予律师承办费用高，不过可以分散压力，这里就涉及律师事务所的品牌建设问题，对于法务而言，更喜欢向上级汇报的是找了一家实力强大而又靠谱的第三方外包机构，而不是找了一个个人能力有多强的律师，其实对法务而言，的确是品牌律师事务所更好一些。再其次，法务将业务问题交给律师之后，法务既不能当"甩手掌柜"，也不能事无巨细，直接指挥。总体而言，其一要做好服务工作，在公司和律所之间做好沟通桥梁，提供最详实的信息，分享自己的体会心得，在一个项目上暂时做助理也无妨，有了成绩法务也有功劳；其二对于律师干的怎么样，宏观上还是需要做好监督、考核、评价等管理工作，要依靠律师但是不能依赖律师。

当然，也有的公司不设法务部，全部把业务外包给律师事务所，也有的公司要求法务自己处理绝大部分诉讼案件，法务部俨然是小型的律师事务所，这些模式就另当别论了。

### 3. 法官转行做律师的心路历程

分享者高某，从基层法院辞职，转做法务。

高某分享了以下心路历程：

> 我之前是基层法院的一名审判员，辞职后来到一家外资餐饮公司担任法务，有两点感受最深：一是需要调整心态，以前是在业务部门独立审判，判断是非对错，现在是在辅助部门提供法律服务，注重预防和解决问题。二是需要加强学习，不仅要继续学习法律专业知识，更为重要的是学习公司文化、开放的思维模式、外资公司的管理方法以及和年轻同事的相处之道，这些都与以前大不一样。

### 4. 大学教师转行做律师的心路历程

分享者吴某，原某大学教授，后转行做律师，专做破产案件。

吴某分享了以下心路历程：

> 做大学老师讲激情、讲情怀，面对学生我是权威；做律师讲实务、讲能力，面对客户我是服务者。客户不是学生，法庭不是教室，客户不需要导师，改变心态最重要。

## 二、三足鼎立的法务"江湖"：外资企业法务、国有企业法务和民营企业法务

法务的分类有很多种，例如，按照行业来分，可以分为"制造业法务""金融业法务""服务业法务"等；还可以按照公司规模来分，可以分为"小规模公司法务""中等规模公司法务"和"大规模/集团公司法务"。而笔者在本书中则按照公司性质来分，是基

于拟讨论不同的工作环境对法务工作风格的不同影响。事实上，由于不同性质公司的要求和经营方式不同，在不同性质公司工作的法务已经形成这一类法务的鲜明工作风格和特征。本书希望读者通过了解这些不同公司文化下的法务工作模式和状态，帮助自己做好职业规划或为工作中的业务应对提供可借鉴的经验。

（一）洋气规整的外资企业法务

1. 形象鲜明的外资企业法务

跨国公司在中国的法务可能是中国最早的一批专业法务，他们的形象十分鲜明，一般都拥有法律和英语"双核动力"，普遍具有在国外学习法律的经历，有很多是LLM[①]出身。外资企业的法务有着良好的着装习惯，"鲜衣怒马""光彩照人"。因为平时需要与总部用英语交流，所以平时日常的交流中会交杂英语单词，看起来十分洋气。

2. 外资企业法务的优势

从外资企业法务的工作环境来看，中国境内的外资企业一般都沿用其总公司或总部的管理方式，部门设置、部门架构都比较相似，所以外资企业的法务一般不需要自行建立法务部门的管理规范，仅需按照外资企业既定的法务管理流程处理工作，当然像医药等行业的外资企业法务还要根据中国境内的监管规定来作出适当的调整。平心而论，外资企业法务是中国法务群体内最早学习法务理

---

① LLM是一项课程安排为一年制的法学进阶课程，相当于中国的硕士学位。全称是master of law。英国、美国均设置该课程，目前也对境外法律人士开放，凡具有法学学士或以上学位者均可以申请英国、美国的LLM。中国法律人给这类毕业生起了一个诨名"老流氓"。

论和管理实践的法务人群。就其个人素质而言，其职业水准较高，工作规范性也较强。就外资企业法务在整个企业中的定位而言，由于外资企业的管理体系和流程规定比较明确，因而外资企业法务的任职要求、工作职责、工作范围等都比较清晰。

外资企业法务的汇报对象，一般都是双线的，一方面向本公司即中国公司的副总经理或总经理汇报，另一方面采取条线汇报方式，向境外总部的法务领导汇报。这种格局对于外资企业法务是相对有利的，因为境外总部的法务领导一般在总部的地位较高，境外总部的总法律顾问或首席法律官在公司行政层级中处于上层，同时会担任董事职务，这样，总部的总法律顾问或首席法律官的话语权就较大，既可以在日常经营管理层面发表意见，也可以在董事会层面发表意见。中国境内的法务向境外总部的法务领导汇报情况，既是其权利又是其义务，但是客观上，可以提升境内法务参与决策的效率，更好地控制风险。

3. 外资企业法务的劣势

外资企业法务的劣势主要来源于其职业晋升和业务内容方面。在职业晋升方面，中国境内外资企业不是总部，境内法务的晋升空间自然不够宽阔，存在瓶颈，能逆袭成为境外总部的总法律顾问的境内法务，可能寥寥无几。在业务方面，外资企业法务更需要关注外商投资类的相关法律法规、外汇管理类的法律法规、外商投资企业所特定的税务政策等。但是由于境内外资企业距离总部决策层非常远，无法接触到决策性、战略性的核心事务，在法律工作内容的多样性和深度方面可能还不如其他企业的法务。特别是近几年，中国大型国有企业和民营企业快速发展，薪酬待遇直追甚至赶超了外资企业，业务种类又十分多样，可以充分锻炼个人能力，外资企的法务职位显得不再那么"香饽饽"了，但是外资企业法务的法务管理模式和工作方式还是值得学习的。

4. 关于外资企业法务的小故事

读者可以从这个小故事中充分体会到外资企业的法务对工作细节的关注以及外资企业对品牌文化的重视。一家大型外资品牌服饰公司的法务负责人对其合作的常年外聘律师进行了一次私下沟通，对其工作提出了几点要求。第一个要求：要注意工作的细节，例如，律师事务所出具的法律意见书不能有错别字，要注重报告书的格式样式，一个律师事务所出具的报告书格式版式一定要统一，不要每个团队一个版本，毕竟专业度要用细节来体现。第二个要求：请不要穿或佩戴和我们公司产品是竞争品的服装和配饰。这位外聘律师对上述要求进行了回答：首先很感谢您的重视，亲自向我提出上述要求。关于第一个要求，我会关注这些细节，有一点需要解释，我们事务所比较大，虽然有统一的律所标识，但是各个部门或者不同团队也有代表自己部门、团队特征的不同版式，我们会在以后工作中尽量统一。关于第二个要求，由于和贵公司品牌处于同一层级的品牌有很多，所以很难让律师事务所的同事都满足贵公司的要求，但是我会尽量安排。

(二) 稳健大气的国有企业法务

1. 国有企业法务职务的法律依据

国有企业与民营企业法务相比是属于有组织可以依靠、有政策可以依据的一类法务人员，其"国有企业工作人员"的身份也很明确，一般都属于国有企业管理层序列。早在1997年国家经济贸易委员会就发布《企业法律顾问管理办法》，该办法要求大型国有企业设置总法律顾问，根据该办法的文意，总法律顾问在国有企业的地位应该与总经济师、总会计师、总工程师一致。国有资产监督管理委员会（以下简称国资委）作为国有企业的行政主管机关和股东，也很重视国有企业的法律顾问制度，2004年6月1日施行的《国有企业法律顾问管理办法》，总结了1997年到2004年国有企业法律顾问的情况和变迁，与时俱进地对国有企业的法律顾问制度作出了要求和安排。2015年12月，国资委印发了《关于全面推进法治央企建设的意见》，该意见对国有企业的法治、合规和法务管理均提出了要求，并进一步提高了切实履行总法律顾问制度的标准。2016年年底，中共中央办公厅和国务院办公厅印发了《党政主要负责人履行推进法治建设第一责任人职责规定》，该文件虽然是针对党政机关而言，但是的确是一种风向标，代表了国家依法治国的决心。该规定明确指出无论是国家机关还是国有企业，党政主要负责人是法治建设的第一责任人。同时该规定还指出中央部委和县以上各党政机关要完善法律顾问制度、公职律师制度。党政机关这些非市场化的主体都要设立法律顾问或公职律师，更何况处于市场竞争中的国有企业呢？在中央各文件的指引下，各省、市国有资产管理委员会也根据本地实践制定了更为细化的国有企业法律顾问管理办法或细则，并在辖区内的大型企业推进总法律顾问制度试点工作，例如，四川省绵阳市国有资产管理委员会就于2016年9月起在九州集团开始了总法律顾问制度首批试点工作。各省、市的国有企业法律顾问协会也纷纷在近几年设立，成为国有企业法务的交流、合作和学习平台。在政策和监管的强力推动下，在国有企业合法合规经营的内生性需求推动下，在激烈市场竞争风险控制导向下，国有企业法务队伍持续大发展,即使是 2014 年国家取消企业法律顾问执业资格考试对国有企业法务的职业资质带来些许疑虑,也无法阻挡这股潮流。

2. 国有企业法务的知识结构

和外资企业、民营企业法务相比,国有企业的法务知识结构中,国有资产法律和相关行政法规、政策、监管意见显得较为独特。我国对国有资产采取授权管理的方式,国有资产监督管理机构(即国资委)代表国家行使国有资产所有者的权利,同时也是国有企业的行政主管机关,但是秉承政企分开的原则,国资委不直接经营国有资产,无论是实物资产还是股权资产。因此,目前地方政府均不同程度地成立了国有独资公司,作为地方国有资产的管理和经营主体,国有独资公司在经营中还与其他所有制形式的企业合作,成立了国有企业控股或参股的混合所有制企业。国资委设立了相关管理制度,对国有企业特别是国有资产成分占控股地位的公司施行管理,以防止国有资产流失。例如,2008 年出台的《中华人民共和国企业国有资产法》就是国有资产管理的基本法。2016 年 6 月国务院国资委和财政部联合发布的《企业国有资产交易监督管理办法》,对出资、增资和资产转让作出了程序性要求和限制性规定。各省、市国资委还出台了相关细则和实施办法。可以说,国有企业的公司制度、资产管理、投资事务、人事管理、日常经营等都是有着鲜明特色的,在国有企业做法务,必须精通这些国有资产管理法律法规和制度规范,并且要具有强烈的程序意识,否则除了可能导致民事行为或合同无效外,还有可能被认定为国有资产流失。另外,由于国有企业的社会责任要求普遍较高,因而国有企业的法务可能还会承担一些普法类的公益性社会工作。

大型的国有企业特别是充分市场竞争的公司,已经在对外投资、重组并购、资本运作等方面走在了其他公司的前头,例如,中国海洋石油有限公司,早在2013年就完成了收购加拿大尼克森公司股权的重大交易,当时的收购对价高达151亿美元。这些大型国有企业的各个职员的工作状态和要求也十分市场化,法务工作早已经不是"一张报纸、一杯茶"的工作模式了,他们比有些民营企业的法务工作节奏还要快,出差加班是家常便饭,在辛苦工作的同时,个人能力陡增,经验值和成熟度较高的国有企业法务在法律人才市场上十分受欢迎。同时,国有企业的管理模式比较制度化、系统化和规范化,管理架构和上下级汇报机制比较清楚,适应国有企业此种工作方式的法务人员相对而言其工作的系统性、条理性和汇报意识都会比较强,像初创法务管理部门的民营企业就比较喜欢招聘此类具有创建、管理部门能力的法务人员。

(三)形态各异的民营企业法务

如果说外资企业法务和国有企业法务的工作方式和法务管理架构都有一定的模式可循,具有一定的"模板",那么民营企业法务就属于"百花齐放"了,不同的民营企业有着自己不同的法务管理设置模式。有的法务部属于董事长直接管理,地位比较高和话语权比较大,除了有日常法务服务功能外,还有管控功能,有的法务部甚至还具有内部审计、招投标管理等功能。有的法务部定位于服务机构,主要为商务和销售部门的配合部门,属于某一个副总裁分管。还有的民营企业仅设置一个法务专业岗位,没有独立的法务部,法务专员归属于办公室、行政部或者财务部管理。民营企业法务的工作往往要涉及更多的"杂七杂八"内容,并不一定那么纯粹,综合性更强。形象地说,外资企业的法务是一条流水线,每个法务都是流水线上的一环,精密衔接,缺一不可,同时每个法务不会相互串岗,无法相互替代。和外资企业的法务相比,民营企业法务不一定会固定在一个分类岗位上,可能会兼顾几项工作,属于"弹钢琴"形式的工作方式。目前,大规模的民营企业法务部门已形成自己的机构设置和管理特色,往更精密的管理模式发展,形成了很实用的风险控制经验。整个民营企业的法务队伍也蓬勃发展,众所周知的华为法务部就人数庞大。

## 三、上市公司法务:法务中的"战斗机"

上市公司法务和非上市公司法务就工作性质而言其实并无二致,但是上市公司本身所处的资本市场环境复杂、利害关系人众多;同时上市公司所受到的法律监管更严格、更体系化,这些因素对上市公司法务工作都提出了特殊的要求。使得上市公司法务经常处于"火山口"的工作模式中,逐渐锻炼了其特有的技能,下文对上市公司法务工作进行模拟,向读者展示处于资本中心的上市公司法务需要具备何种技能。

(一)上市公司法务的"才艺"大全

1. 信息披露是上市公司法务的核心"战斗力"

(1)上市公司法务的信息披露意识。上市公司是典型的公众公司,随着信息披露监管标准的提升,上市公司基本是在这个市场上

"可视度极高"的主体。上市公司法务要对信息披露的基本规则有相当的熟悉度，归纳起来至少要将以下几个方面的内容和主旨烂熟于心，如表 2-1 所示。

表 2-1 信息披露的四个方面

| 信息披露规则 | 《公司法》《证券法》等基本法律，证监会和交易所等监管部门的相关规定，本公司信息披露制度 |
| --- | --- |
| 披露主体及各自的披露义务 | 上市公司、控股股东和实际控制人、董事、监事、高级管理人和关联人、各中介机构 |
| 定期报告和临时报告的要求 | 需要报告的事项，披露时点要求，信息披露的内容要求，信息披露的格式要求 |
| 信息披露违规的法律后果 | 民事、刑事、行政责任 |

（2）上市公司法务日常法律事务的信息披露对应性判断。可能读者会认为信息披露在公司中的分工一般都由董事会秘书负责，法务是否还要多此一举，但是实践中有些上市公司由于工作职责的划分，重大合同和诉讼、仲裁等纠纷解决事项，往往是法务第一时间知悉情况并开展工作，作为信息披露义务人的董事会秘书并不知情。这个时候法务就必须要把相应信息及时通知董事会秘书，由其按照信息披露规则处理，否则等到新闻媒体等机构进行报道后再处理，就有违规嫌疑了。例如，在合同审核时，就要考量该合同是否属于"对上市公司证券及其衍生品种交易价格产生较大影响的重大事件"，如果属于则需要按照临时报告进行披露。上市公司法务在办理诉讼、仲裁案件时同样要判断该案件是否属于需要临时报告的重大事件。关于上述"重大事件"的标准，上市公司法务一定要对照所属交易所的上市规则和相关文件中的认

定标准进行审核确认。

除了上述举例外，上市公司法务还需要关注股东所持股权是否被质押、冻结、司法拍卖、托管、设定信托或者被依法限制表决权，因为该种情况也属于要通过临时报告进行信息披露的情形。上市公司法务对于行政处罚也要特别注意，根据行政处罚的性质、种类和严厉程度判断该种行政处罚是否构成重大行政处罚而成为披露范围。其实，除了证监会监管口径的信息披露要求外，如果上市公司还涉及发行票据、债券或从事某些金融牌照业务，还需要关注各个主管部门或者行业协会制定的信息披露要求，例如，基金、股权投资等均有专门的信息披露规则，法务需要熟悉并熟练运用这些规则，并能够明晰辨识不同监管机构信息披露的不同口径和要求。

实践中，随着信息披露重要性一再被监管部门强调，上市公司法务部内部架构也出现了与时俱进的变化，已经出现以信息披露为主要工作内容的法务专岗。

2. 上市公司法务往往是合规高手

（1）上市公司合规要求。无论是证监会的监管还是资本市场的公众监督，对上市公司的合规性都提出了较高的要求，主要集中于公司治理、内部控制等方面。作为上市公司法务，对于公司合规工作应该重点关注如下内容，如表2-2所示。

表 2-2　上市公司主要合规事项

| | |
|---|---|
| 制度 | 排查公司治理方面的相关制度规定是否齐备 |
| | 制度规定中对于决策程序、运行规则、管理架构是否都有了明确规定 |
| | 各制度规定本身是否合法合规，有无及时更新 |
| | 各制度之间是否在效力上有明确层级关系，是否存在冲突（例如，上市公司内部其他的专项制度都应以上市公司章程为基础，不得与章程相冲突） |
| 执行 | 考察这些制度的执行程度，是否存在重实体、轻程序的情况（例如，对外担保决策程序是否完整） |
| | 制度的执行有无留痕 |
| 内控 | 授权体系是否完整，授权内容是否明确，有无及时更新 |
| | 反商业贿赂、利益冲突、违规举报的规定是否健全 |
| 合规 | 信息披露、关联交易、内幕交易等规定的遵守情况 |
| | 业务牌照和资质管理 |
| | 董事、监事、高级管理人员义务的履行，员工合规手册的实施情况 |
| | 公司、员工商业道德管理 |

（2）行业的合规要求。以上表格仅列示了一部分的合规工作内容，整个上市公司的合规工作是全面而复杂的，其实已经覆盖到了所有公司的经营范围，但是根据不同的行业，合规工作的侧重点会有所不同，例如，医药行业的合规工作就具有强烈的反商业贿赂的特点，而保险行业的合规工作偏向于财务管理和合同管理。

（3）合规依据。由于我国暂时没有专门的合规上位法，所以上市公司法务在从事合规业务时要注意收集合规的法律来源，主要为以下五类：《证券法》《公司法》《刑法》等基本法律；与证券公司有关的相关规定，有关上市公司的相关规定；金融行业等特定行业规范，例如，《商业银行合规管理指引》；境外法律和境外监管部门的合规规定，例如，我国已经缔结的《联合国反腐败公约》；公司内部关于合规的文件。上市公司法务要通过研习上述文件，对本公司需要达到的合规标准有清晰认识。

上市公司的法务要从所在公司业务和管理现状出发，找出合规工作的重点。如果合规工作归并于法务部，那么上市公司各法务显然要对公司的合规结果负责，如果公司单独设立合规风险部，那法务必须要和合规风险部紧密结合，互通有无。合规工作是典型的需要靠各部门配合执行的工作，法务要根据公司确定的职能定位和分工完成合规工作。

3. 上市公司法务是危机公关人才

（1）上市公司的舆情烦恼。上市公司作为公众公司，其受到的社会关注度大大超过其他公司，无论是监管部门、广大股民还是众多的新闻媒体都会默默注视着上市公司的一举一动，一旦上市公司有"情况"出现，往往就是一场舆论盛宴。上市公司最容易引起大规模舆论风暴的因素一般为比较负面的信息和行为的发生，例如，业绩不达标、财务造假、重大亏损、投资失败、大股东行为失当、股东纠纷、重大诉讼等，甚至董事、监事、高级管理人员等重要人员的私生活绯闻都会成为新闻重点。一旦发生上述新闻炒作，负面舆论会在纸质媒体、网络媒体上持续发酵，上市公司也会立即陷入公关危机。如果处理不当，上市公司将会受到严重损失，股价下跌是可能性很大的事情，公司品牌和信誉同时也将受到极大打击。为了避免上述情况的发生，很多上市公司都设置了专门部门来应对可能发生的公关危机并进行舆情监控，也有一些公司聘请了外部的危机公关公司来帮助公司进行危机管理。

（2）法务的危机公关能力。即使是在具备专门部门管控危机的情况下，上市公司法务也还是要建立自己的危机公关意识并积累相关工作经验。例如，当重大诉讼案件成为舆论热点时，法务不能仅从法律角度作出抗辩，还要同时考虑危机公关的需求。法务在案件中任何场合的表态和发言都要与公司发言人或董事会秘书相一致，特别是对事件关键性的定位，法务要谨慎应对媒体的采访，在无法回避的情况下，一定要引用事实，尽量不要发表主观性的判断，发言口气不建议强硬，对于媒体报道事实不清之处，用事实进行回复。更重要的是，法务在处理日常法律事务的时候，也要判断这些事件本身是否会形成未来的舆论热点，对于可能性极大的项目和事件，应与董事会秘书等及时沟通，做好危机公关预案。对于特定行业，应该对特定时间段，如快消品行业在每年的"3·15"国际消费者权益日前后，就应作出危机公关预案。

（3）特殊时期的工作。上市公司遭遇公关危机的主要场合最密集出现的时候，是在上市公司在资本市场上出现定向增发、配股等再融资或者重大资产重组等项目的时候，这个时候，社会公众对项目的关心度非常高，会细致研读有关的披露材料，除了私募股权投资基金、公募基金等专业投资机构外，甚至还有专门"挑刺"的机构，他们会把披露文件中的数据、信息进行核对和分析，专门找错，一旦发现了数据不匹配、信息有错误，立即会在股吧或者投资者论坛中进行提问、炒作。这种情况对于上市公司而言是十分不利的，尤其是材料确有错误的情况，局面会比较被动，严重的还会影响项目进程和审批，或者引起相关部门关注。要避免这种情况，必须要事先对所有材料严防死守，不能出现笔误或错误。可是无论是首次公开发行股票还是再融资，抑或是重组项目，材料的数量都是用"拉杆箱"来衡量，对这些材料做最后的核对，其工作量不言而喻，并且时间性要求很强。法务如果是最后定稿材料的核对责任人就要制订出复核计划，利用技术手段，综合各部门人力，按时保质完成复核工作。

4. 上市公司法务是法律培训主力

（1）法律培训的必要性。无论是证监会还是三大证券交易所都会经常发布一些监管文件和行为指引，这些文件篇幅较长、更新又快，上市公司董事、监事和高级管理人员很可能没有时间来仔细阅读，但是这些文件又十分重要，如果不掌握这些文件的精髓和要旨，一旦"行差踏错"，那结果很可能是受到行政处罚，甚至会导致上市公司董事、监事和高级管理人员的市场禁入。

（2）培训方法。上市公司法务在每个政策、法规出台的时候一定要作出清晰的要点摘录，把改变之处、新增规定、监管新动态做一个简洁的培训材料，供这些上市公司"董监高"来学习，最好能归纳总结，用简明的文风来做一些注解，如果能够集中给这些"大人物"做一次培训是最好的。但是法务同时要明了，上市公司的"董监高"工作都十分繁忙，聚在一起做统一培训的机会实在是少之又少，所以上市公司法务一定要"见缝插针"，利用一些零碎的时间向"董监高"传达法律变动、监管变化，可以在一起出差的路上进行讨论，可以在工作会议的开头和结尾进行"普法"，可以在讨论某项具体工作的时候对新规进行宣导。法务把这项"普法"工作做好了，是可以受益无穷的，因为你给自己打造了一个认识统一、价值观一致的工作环境，"董监高"都清楚"监管红线"的具体位置了，决策可以更科学，流程可以更合规，法务的工作自然可以更轻松。

（3）更广的培训受众。除了上市公司"董监高"外，上市公司法务还要善于给业务部门和关联方做法律培训，其目的是培养各个业务人员和关联方的法律意识和规则意识，寻求更加一致的价值取向和工作共识。上市公司法务要把上市公司经营管理的特殊性分解成各个业务流程中的具体问题，例如，要对投资部门的同事讲解一下在重大投资项目谈判时如何具有保密意识，如何要求谈判对方履行保密义务，如何在合适的时间点进行信息披露。对于人事部门的同事，上市公司法务要培训其如何审查上市公司"董监高"的任职资格，如何保证上市公司人员的独立性。对于财务部门同事，上市公司法务要培训其上市公司财务独立性的标准，对外发生担保时应如何履行程序，上市公司控股股东、实际控制人以及关联人之间发生业务来往应该如何履行关联交易程序，包括如何对上市公司控股股东和实际控制人的不当行为"说不"。对于上市公司控股股东，上市公司法务要向其介绍作为上市公司控股股东和实际控制人被禁止的行为，以及被推荐的行为方式，即上市公司控股股东和实际控制人的行为指引，更应重点解析同业竞争和关联交易对双方的影响，以及存在不利影响时的解决思路。对于上市公司的关联方，上市公司法务要向其明确与上市公司的关系图谱，对其行为准则作出介绍。当上市公司法务把上述培训工作做到位后，就会发现，最后收益的肯定是上市公司法务自己，因为各方如果在基本的规则方面保持了一致的态度，那么节约的就不仅仅是沟通成本了。

## （二）上市公司母公司法务的不同工作角度

上市公司母公司的法务必须要具备很强的证券类专门知识，并精通资本市场的运行规则，熟悉自己公司所处的资本市场环境，多与上市公司沟通，保证工作的时效性。

### 1. 上市公司母公司的基本背景

上市公司的法务作为"战斗"在资本市场最前线的人，其"才艺"已经在上文进行介绍，其实和上市公司法务的工作状态比较相近的一类法务人群还有上市公司母公司的法务，他们也有着和非上市公司法务不一样的工作状态。"上市公司母公司"并不是一个法律术语，而仅是一个习惯说法，正式的说法一般为"上市公司控股股东"或者"上市公司实际控制人"，为简练表达在本书中均以"上市公司母公司"来代替。上市公司母公司的情况根据本部分的介绍目的可以分为本身为上市公司和本身为非上市公司，第一种情况见上文，第二种情况就是本部分要讨论的内容。

### 2. 对上市公司母公司的监管要求

（1）法律依据。当上市公司母公司本身并不是一个公众公司或上市公司的时候，其不必要遵守资本市场的规则和监管规定，但是由于其控股或持有了上市公司的股权，法律法规就对其作出了类似于上市公司的资本市场规则、监管规定所要求的法律义务，所以这类公司的法务工作特殊性正是来源于上市公司母公司角色的特殊性。现行调整上市公司母公司在资本市场的具体行为规则基本都是证监会、上海证券交易所和深圳证券交易所出具的，例如，证监会发布的《上市公司监管指引第4号——上市公司实际控制人、股东、关联方、收购人以及上市公司承诺及履行》、证监会和国资委联合发布的《关于推动国有股东与所控股上市公司解决同业竞争、规范关联交易的指导意见》、国资委发布的《关于加强上市公司国有股东内幕信息管理有关问题的通知》、上海证券交易所发布的《上市公司控股股东、实际控制人行为指引》、深圳证券交易所发布的《中小企业板上市公司控股股东、实际控制人行为指引》、国资委发布的《关于规范上市公司国有股东行为的若干意见》、上海证券交易所和深圳证券交易所分别发布的《上市公司股东及其一致行动人增持股份行为指引》。

（2）监管理念。读者纵观这些规定和指引就可以发现，监管部门还是要求上市公司母公司首先不能利用自己的控股或者实际控制地位来操纵上市公司，把上市公司变成"提款机"，或者通过对上市公司的干预，把风险和损失转嫁给上市公司和中小股东，即不能把控股股东或者实际控制人的权益凌驾于上市公司和中小股东之上。

为了达到这个目的，监管部门分几个层次限制了上市公司母公司的相关权利：第一，排除上市公司母公司的某些权利，防止其和上市公司形成恶性的同业竞争和关联交易，保证上市公司的独立性，例如，深圳证券交易所在《中小企业板上市公司控股股东、实际控制人行为指引》中规定：控股股东、实际控制人应当严格履行其作出的公开声明和各项承诺，不得擅自变更或解除；控股股东、实际控制人不得通过任何方式违规占用上市公司资金；不得将上市公司资金纳入控股股东、实际控制人控制的财务公司管理等要求。第二，对上市公司母公司买卖上市公司股票的行为进行限制，例如，上海证券交易所发布的《上市公司控股股东、实际控制人行为指引》规定控股股东、实际控制人在一些特定窗口期不得增持上市公司股份。而2017年5月26日证监会发布的《上市公司股东、董监高减持股份的若干规定》，对上市公司母公司和董监高的减持上市公司股票作出了更加严格的要求。第三，规范上市公司母公司的信息披露行为，要求建立详细的信息披露制度，例如，深圳证券交易所在《中小企业板上市公司控股股东、实际控制人行为指引》中规定控股股东、实际控制人出现自身经营情况恶化等特定情形时，应当及时通知上市公司、向交易所汇报并予以披露。第四，强化上市公司母公司的保密义务，例如，深圳证券交易所在《中小企业板上市公司控股股东、实际控制人行为指引》中规定：控股股东、实际控制人对涉及上市公司的未公开重大信息应当采取严格的保密措施，一旦出现泄露应当立即通知上市公司、报告本所并督促上市公司立即公告。紧急情况下，控股股东、实际控制人可直接向本所申请公司股票停牌。第五，落实处罚措施，例如，《中小企业板上市公司控股股东、实际控制人行为指引》中规定交易所有权视情节轻重对上市公司母公司给予责令改正、通报批评、公开谴责的处罚。

3. 上市公司母公司法务的基本素养

上市公司母公司的法务必须要十分熟悉上述规范，并将上市公司母公司日常信息披露、日常行为规则和专项事务中应履行的义务列为一项专项工作。

（1）对关联交易和同业竞争的敏感度。根据上述规则对日常的经营交易进行判断，识别哪些业务属于不适当的关联交易和排除同业竞争行为，在对上市公司母公司新的投资项目进行法律尽职调查时审查和甄别是否会形成和下属上市公司的同业竞争。在上市公司母公司做人事任命的时候，审查是否存在违反上市公司人事独立性要求的情况。

（2）对信息披露要求的清晰度。对于信息披露的义务人是上市公司母公司的情形，披露事项必须十分清晰。上市公司母公司的法务应按照相关规定及时制作、及时披露。例如，在上市公司母公司的持股比例发生变化，需要制作和披露简式权益变动报告书或者详式权益变动报告书的情况下，上市公司法务要注意准确填写上述报告书，并及时用印，值得注意的是，在出具详式权益变动报告书时，还需要聘请证券公司作为财务顾问对上述权益变动报告书出具核查意见和核查报告，此时需要给财务顾问预留其内部审核和用印流程的时间。

（3）对承诺事项的严谨度。上市公司母公司法务需要审查上市公司母公司发布的特定承诺，并在日常工作中排除与承诺内容冲突的决策或事项。作为上市母公司发布特定承诺并不是一种形式责任，承诺本身是一种责任承担的方式，承诺的内容体现了上市公司母公司对于特定事项的解决思路和方法，如果上市公司母公司没有按照自己出具的承诺内容完成特定事项，那么会对之后的资本市场运作行为产生不利影响。

（4）危机公关工作的及时度。上市公司母公司（非上市）不是公众公司，但是因为其持有了上市公司的股权，所以还是会被资本市场和股民所关注，和上市公司相比，这些非上市的上市公司母公司不做日常的信息披露，所以不像上市公司那么透明，但是股民却十分想要了解上市公司母公司的情况，借此来判断上市公司未来的股价走向。所以当上市公司母公司参与上市公司的定向增发、配股、向特定对象发行股份购买资产（该特定对象即上市公司母公司）以及与上市公司发生关联交易时，更容易被广大股民和机构投资者关注，大家会更关注在上述项目中上市公司母公司的最新情况、业务状态、盈利能力，更重要的是看上市公司母公司在上述项目中的参与价格和当时市场价格的比较，有时候就会产生负面言论，有时候个别股民或舆论还会拿着"放大镜"看问题，甚至检视、找错，或者作出种种判断，给上述项目蒙上阴影。上市公司母公司的法务要能正视上述现象的存在，在方案早期就有预测和准备，如果发生了公关危机，就要作出快速和及时地反应，选择正确的方式作出应对。

（三）"奇葩"的上市公司股东案例

在上市公司工作的法务，其工作内容并不都是资本市场的"高大上"的工作，除了法务日常业务工作外，还会经历很多有趣的突发事件，笔者就遇到过一件特殊的争议解决案件，这是笔者曾经遇到最像小说的案件。

案件起源于某上市公司外部一女性与公司内部一男性员工谈恋爱，两年后分手，该女性十分生气，声称自己两年恋爱损失惨重，并多次到公司工会、人事部、男性员工所在部门提出公司解雇该男性员工的要求，公司各个部门与该女性沟通均无效果，最后拒绝了该女性的要求。公司各部门花了人力、物力和时间安抚了该女性，认为该"桃色事件"就会结束了，其殊不知故事才刚刚开始。在几次沟通后，女性认为自己见到的都不是"做主的人"，例如，董事长、经理，所以自己的诉求无法得到满足。而如何能顺利见到董事长或经理，并一起开会呢？该女性另辟蹊径在二级市场购买了该男性工作的上市公司少量股票，正式成为了上市公司的股东，这样公司有关部门就无法阻止该女性积极参与该上市公司的每一次股东大会了，股东大会嘛，董事长和经理自然都是在的。该女性一开始都在每次股东大会上主动发表意见，要求该上市公司加强员工管理，对"当代陈世美"的员工进行训诫、开除处理。如是多次，大家已经习惯该女性的言论逻辑和主要观点，虽然影响公司形象，但是也似乎并未造成重大问题和困扰。

　　但是令公司没有想到的是，该女性发现即使自己已经贵为该上市公司的股东，似乎在股东大会上还是没有决定权，无法有效惩戒"薄情郎"。该女性参加了多次股东大会后，其资本市场专业知识迅猛提高，经过慎重考虑，该女性做了一个艰难的决定，她打算放弃原来在股东大会上发表过的意见，而启动更有"杀伤力"的议案。该女性反复研究该上市公司近三年业绩、经营方针、各阶段董事会决议和股东大会决议，逐字逐句寻找董事会的经营"失误"，并写了长篇累牍的股东大会"捉虫"发言稿，列举数十大问题以及董事长、经理、监事等个人的"罪状"，在每次股东大会上化身中小股东代言人，对公司"开炮"，火力猛烈，着重攻击董事会成员，要求他们逐一回答问题，并"积极认罪"，向中小股东道歉。该女性还与其他参与股东发生言语冲突，甚至肢体冲突，其种种行为一度使股东大会无法正常讨论议案，进行表决。这种"全武行"屡次上演、循环往复、无穷无尽，更厉害的是该女性还联系了一些媒体，对其参加的股东大会进行采访，并在股吧等网络社区大肆发表言论。这时该上市公司内部也有了声音，说要给一点经济补偿给该女性，"花钱买平安"，这个思路遭到了法务部的反对，法务部的理由是，根据该女性的历史表现，担心给予其经济补偿后，反而会成为其继续炒作的理由和素材。本来上市公司对该女性没有任何法律义务，给予其经济补偿后，就有点说不清了，一经披露，上市公司将处于十分尴尬的局面，无论是对市场还是监管部门都无法解释。该上市公司董事会接受了法务部的意见，但是把这个"难题"直接交给了法务部解决（果然公司董事会要的不但是否定意见，更是替代性的解决思路）。

在这种十分被动的情况下，该上市公司法务是如何破题的呢？该上市公司法务自该女性第一次以股东身份参会后，就做了很多充分的准备工作，最后达到了理想的效果，其方式方法值得借鉴。第一，先由外聘律师对工会、人事等部门接待过该女性的员工做了详尽的笔录，把事情的来龙去脉进行重现，特别是该女性的诉求和动因。该工作的意义在于股东原始情况的证据，以供监管机关或媒体核查。第二，该女性参加的所有股东大会都予以录像，并对其议案保存原始档案。该工作的意义在于用真实现场说话，保留原始证据。第三，主动与媒体联系，沟通该女性所有历史表现，说明事件的真实情况，主动进行媒体澄清，取得媒体谅解和支持。第四，与各股东沟通，将真实情况进行告知，并取得股东支持。第五，启动危机公关，避免影响股价，同时由董事会秘书与交易所专管员沟通，告知具体情况，作出解释，并争取支持。除了上述工作外，该上市公司法务还做了一项重要的工作，那就是每天去找该女性沟通，陪其痛骂"负心郎"，动之以情，晓之以理。最终该女性偃旗息鼓，终于消停了。

# 第三章　搭梁建柱：适合的才是最好的

就像一个公司有自己的股权架构一样，法务部也有自己的组织架构，法务部的组织架构主要解决在整体公司架构中的定位和法务部内部架构设计两大问题，本章节以实例来介绍法务部的架构设置、主要工作内容、人员安排和关键绩效考核指标管理，最后再向读者介绍法务部的预算管理事项。

## 一、法务部的架构：没有最好的，只有最合适的

（一）法务部的外部定位源于公司需求，内部架构基于管控目的

所谓法务部的外部定位是指法务部在公司组织架构中的定位和设置，这体现了公司关于法务部功能定位、职责分工和工作需求的设置，也就是说老板把法务部放在什么位置上，法务部的职能和地位怎么摆放。而法务部的内部架构是指法务部内部怎么来细分工作岗位和配置法务人员，这体现了法务部要满足工作要求时必须具

有的一种组织架构的安排和工作设计,也就是说法务部负责人如何"组阁"来保证法务工作的质量和部门的有效运行。下文将列举几种目前比较主流的法务部架构,这些架构自身所反映出来的特点都是和公司需求以及自身管控目的相适应的结果。

1. 集团公司的法务部架构

我们以业务跨度比较大的综合性集团公司为例来讨论法务部的架构问题。此种集团公司涉及完全不同的多个业态,这种集团公司的法务部设置既要考虑集团本部法律事务的种类和工作内容,又要充分考虑集团所属不同业态的公司的法律需求,在法务部的设置上存在一定的难度。

集团公司法务部有三种基本模式:第一种为比较集中的模式,即法务部设置在集团,集团下属公司没有法务部,由集团派驻法务人员担任下属公司的法务或者由集团法务部直接承接下属公司的法务工作。这种方式的好处在于可以做到法律风险的集中管控和法律工作的集中服务,但是缺点在于由于法务人员都设置在集团,可能会影响法律工作的效率,同时由于法务人员不在下属公司业务的第一线,对于风险的控制有可能会有偏差。同时,由于业务相差太大,法务人员也不一定具备相关的业务知识储备。如果下属公司为上市公司,此种方式也不太符合上市公司独立性的要求。第二种为既存在集团法务部又存在下属公司的法务部,两者之间相互独立。这种方式的好处在于法务人员可以直接向业务提供服务,工作效率高、沟通成本低,但是由于法务部之间相对独立,集团公司法务部对下属公司法务部的控制力显然没有第一种强。第三种为上述两种模式的结合体,即法务部设在集团总部,负责集团本部和除了重大业务板块和上市公司之外的下属公司的法律业务。重大业务板块和上市公司在其公司内部设立了独立的法务部门，人员由集团法务部选派到上述公司。这样的设置是基于其有效服务于集团业务和独立管控兼顾的部门宗旨，对于业务相对集中，可以实现集中管控的业务板块不单设法务部，由集团法务部统一提供法律服务和法务支持；对于业务分散、定制要求高、版本化率比较低、反馈时间要求高的业务板块，采取法务人员选拔入驻式，进行现场服务，这样可以更有效地介入交易过程，把握业务环节风险点，及时高效提供法律建议，提供个性化的管理方式。

2. 法务部的内部构架主流模式

法务部的内部架构，有几种主流的设置模式：第一种为法务部内部按照业务种类分设子部门，例如，可以设置合规管理部、诉讼管理部、营销法务部、知识产权部、综合法务部和境外法务部等，如图3-1所示。

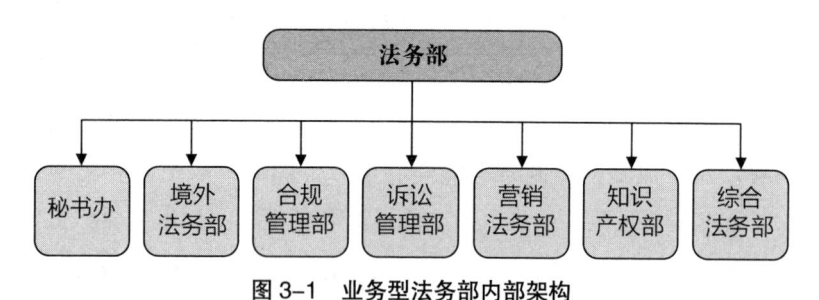

图3-1　业务型法务部内部架构

不同子部门分别管理不同业务板块的法律事务，在人员安排上每个法务子部门可以设置法务总监或法务高级经理作为子部门负责人，每个子部门内根据业务需要分别设置法务经理、法务主管和法务专员若干。而法务部内部的决策机构可以是各个子部门法务总监形成的团体决策机制，具体功能可以放在秘书办，这样在重大事务上可以对法务部和公司工作中的重大业务事项进行决策。对于子公司的法务人员管理可以采取劳动关系，其工资由子公司落实和发放，但是专业分工、岗位职责和工作评价等事项由集团法务部负责，这样既可以充分保障子公司上述法务人员工作的独立性和客观性，又可以使集团法务部有途径控制子公司的法律风险。

第二种法务部内部架构与第一种相比则是体现了另一种思维方式，即把更多的公司风险控制和合规功能归并于法务部。同时，法务部的内部设置按照服务区域来进行分块，更加合理地提高服务的效率，强化工作的对应性，笔者称之为混合型的法务部内部架构，如图 3-2 所示。

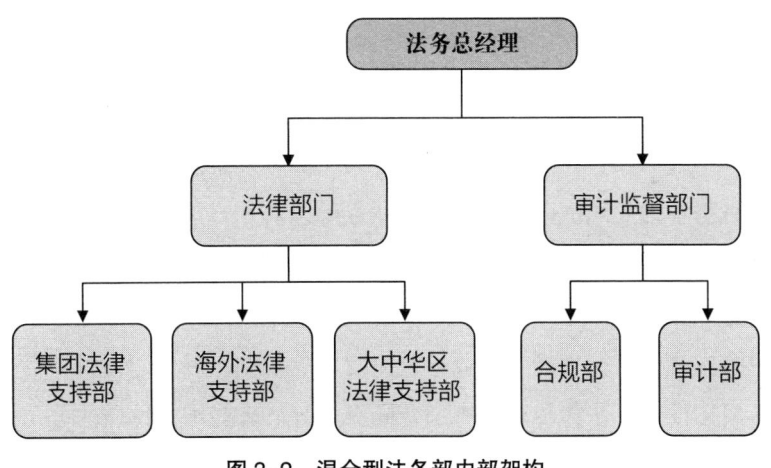

图 3-2 混合型法务部内部架构

混合型的法务部其法务总经理的管辖范围还可能包含审计和合规功能。当法务部整合了法律功能、公司内部审计和合规管理三大功能时，法务部的管理途径、职能范围和人员结构都有着很大不同，法务总经理的职责和管理功能也更为扩大。笔者认为，这种法务架构反映了在风险控制体系建设方面是以法务为核心的，所有与公司风险控制相关的内部系统，例如，审计、合规都归属于法务部，相应的资源如人力编制、外部支持也对接法务部。因此，与其说是一种法务架构的创新，不如说是一种公司风险控制管理模式的突破。但是这种方式对法务总经理本人的要求较高，必须精通境内、境外不同法律环境，具有法务、合规和审计多方面的经验。

  第三种法务部内部架构与前两种相比，其组织架构的设置更体现了一种对子公司法务部门管控的突出关注。此种方式在国有性质为主的集团公司中较为多见，同时其管理模式也会受到国有资产法律法规的调整和制约，如图3-3所示。这种模式的特点在于在集团和子公司之间构建两级法务风险控制组织，分层、分类、集中开展法务风控管理，法务结构为"集团+子公司"的模式。其中，集团法务部层面着力于对风险战略的聚焦和重大风险的集中监控，由于二级子公司较多、业务较为分散，集团法务部直接出具法律服务的项目基本为集团战略调整和创新业务等，对于二级子公司则采取建立子法务管理体系，法务管理流程和文件模板。对于重点业务、新型业务和核心业务单元，则采取直接委派集团法务人员到业务子公司的方式，直接现场参与业务全流程风险控制、制度建设、项目交易架构设计、法律尽职调查、合同审查等。有些国有性质的公司会把子公司法务的人事关系保留在集团，其仅负责处理事务，关系协调、资源协调则由集团法务统一安排。对于境外子公司，由于其架构设置在二级子公司之下，所以其主要法务风险控制工作仍由派驻的子公司法务完成，另外主要选用境外律师提供现场法律支持。

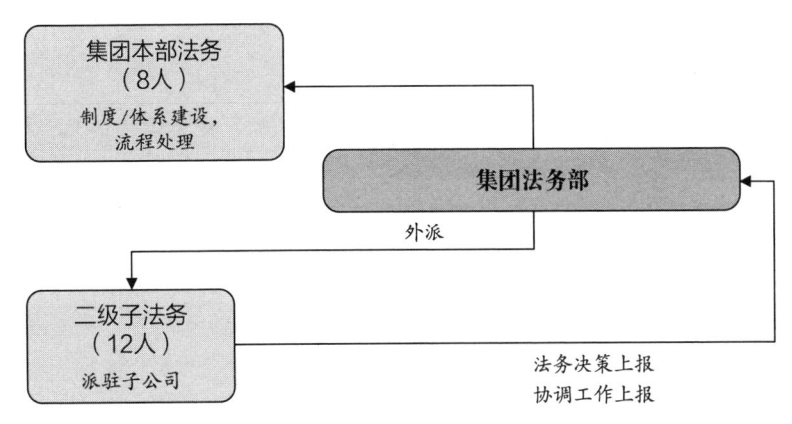

图 3-3　管控型法务部内部架构

## （二）法务部的"正事"有哪些

法务部的工作内容和职责究竟有哪些，其实读者从上文中已经可以"窥豹一斑"。法务部是为服务公司业务而设定的，所以不同业务范围公司的法务部其工作内容和职责也有差异。笔者归纳了各类法务部具有共性的工作内容，以下文两张图来列示，图 3-4 展示的是不同法务部可能具有的共性的工作内容，图 3-5 展示的是不同法务部可能具有的个性的工作内容。

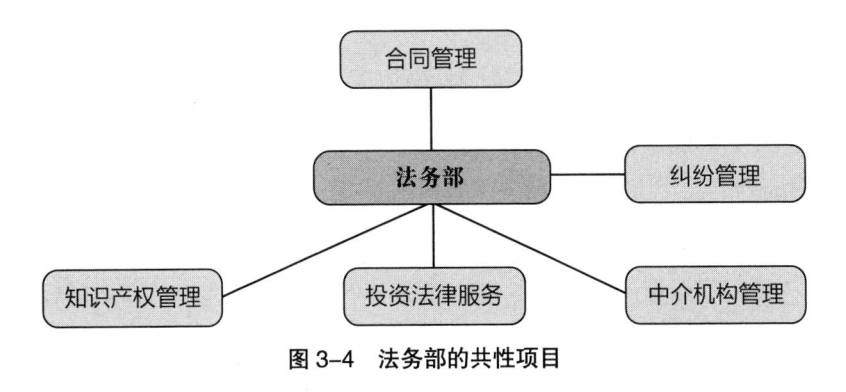

图 3-4　法务部的共性项目

图 3-5 法务部的个性项目

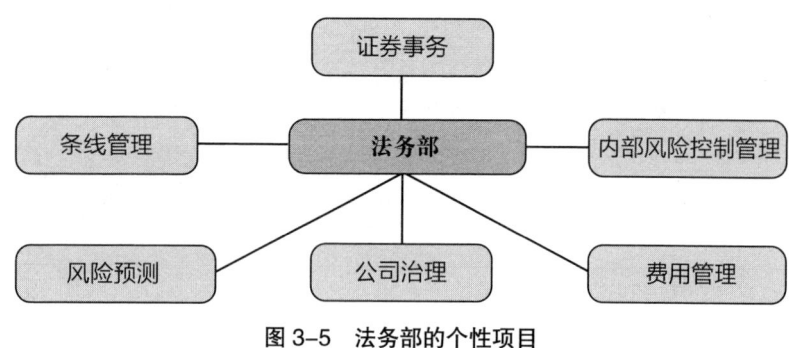

1. 法务部的共性项目

把图 3-4 展开,每个项目的工作内容基本如下:

(1)"合同管理工作"包括四部分内容:第一部分,合同订立、合同履行、合同变更、合同解除等合同流程管理;第二部分,标准合同的确定和推行;第三部分,合同数据分析、统计和反馈;第四部分,合同档案管理。

(2)"纠纷管理工作"包括五部分内容:第一部分,诉讼、仲裁启动和应对;第二部分,诉讼、仲裁进程控制,一审、二审和再审程序,调解程序,仲裁结果确定;第三部分,诉讼、仲裁结果的执行;第四部分,诉讼、仲裁风险提示;第五部分,诉讼、仲裁档案管理。

(3)"投资法律服务"包括五部分内容:第一部分,尽职调查,尽职调查报告后续问题解决;第二部分,商务谈判,商务决策;第三部分,投资方案、并购方案设计和确定;第四部分,资本化方案设计和确定;第五部分,融资计划确定和实施。

(4)"知识产权工作"包括四部分内容:第一部分,知识产权申请;第二部分,日常知识产权维权;第三部分,知识产权资本化；第四部分，知识产权授权体系建立和实施。

（5）"中介机构管理"包括两部分内容：第一部分，中介机构选聘和工作质量管理；第二部分，中介机构费用预算和支出管理。

其实，不同公司在上述共性工作中，也还是会有差异，至少存在各自的侧重点，我们来看奢侈品公司的法务部，其尤其关注的事项是《广告法》对于其广告行为的调整，以及对于假冒商品的打击。制造业的法务部可能在回收应收款工作方面会有比较大的压力，应收款回收率会成为其很重要的考核指标。在一些轻资产的技术型公司中，知识产权的申请、保护和许可会放到比较重要的位置上。相似地，在以品牌连锁为商业模式的公司中，商标的申请、维护和连锁店的许可经营协议的签订和实施是最重要的工作。而可以预测的是，无论是私募股权投资还是创业投资类的股权投资公司的法务部，肯定是以投资法律服务工作为最大头的工作内容。图3-4所列示的法务部门工作内容更偏向于法律业务工作，与图3-5相比是普遍存在的工作内容，笔者在另一部著作《法务之术》中对法务上述的每一项共性工作的具体操作流程和重点技巧做了分类分享。

2. 法务部的个性项目

把图3-5展开，每个项目的工作内容基本如下：

（1）"证券事务工作"包括四部分内容：第一部分，信息披露、日常证券工作；第二部分，大股东义务；第三部分，首次发行股票和再融资方案设计和实施；第四部分，资本市场法律和监管动态跟踪。

（2）"内部风险控制管理工作"包括三部分内容：第一部分，供应商等资质审查；第二部分，公司授权制度建立、授权体系建设和授权文件制作；第三部分，公司内部审计和法务审计。

（3）"公司治理法律服务"包括四部分内容：第一部分，公司股权架构安排，集团化架构安排；第二部分，股东会／股东大会、董事会和监事会三会架构、程序和文件管理；第三部分，董事会办公室工作；第四部分，公司治理制度设立。

（4）"风险预测工作"包括三部分内容：第一部分，行业法律和监管政策预测、分析和落地；第二部分，日常经营风险的分析、汇总、提示和法律漏洞解决；第三部分，具体事务法律风险解决方案出具和实施。

（5）"条线管理"包括四部分内容：第一部分，子公司业务法务支持；第二部分，法务团队建设；第三部分，法律条线培训和公司法律培训；第四部分，法务工作信息数据分析和汇总，法律资源共享。

（6）"费用管理"包括两部分内容：第一部分，法律费用预算管理；第二部分，条线法律费用归口管理。

图3-5所列示的法务部工作内容，和图3-4相比，更倾向于法务部的管理职能，是从公司管理和风险控制角度出发的工作内容。笔者在另一本著作《法务之术》中对法务部上述的部分个性工作的具体操作流程和重点技巧做分类分享。

3. 行业特有项目

除了上述两张图中提到的工作以外，有一些特殊公司的法务部其职责会更加突出其行业的特殊性，例如，"金融控股集团公司"，这些公司一般是一家持股公司，旗下会持有银行、证券公司、保险公司、资产管理公司、私募股权基金公司、融资租赁公司等多家具有金融牌照的子公司，这些金融控股集团公司的法务部的工作内容和职责中就会包含对应于金融行业监管要求的工作事务，一般会有金融合规管理、项目风险控制工作、任职人员资质审查工作、投资项目评价工作等。再如，银行机构的法务部，除了常规工作外，还会有反洗钱工作、非法集资防范工作、金融机构员工异常行动防范、交易结构风险排查、新产品风险评级等工作。就保险公司而言，其法务部更关注保险欺诈的发生，保险公司业务员的告知义务如何完成、如何留痕、如何证明，以便在预防诉讼风险中，投保人主张业务员未履行告知义务，导致投保人免责的情况。

4. 争议项目

需要说明的是，笔者没有将"工商事务"和"公章管理"在上述图中加以体现，因为这两项工作每个公司设置不同，存在一些争议，笔者也有一些自己的看法。有的公司很明确地把"工商事务"和"公章管理"的工作归属于法务部，有的公司却并不将其归属于法务部。

（1）工商事务。一般而言，工商事务包含了所有可能发生的，需要至市场监督管理局办理的核名、注册、变更、备案、清算和注销等工作。很多读者认为这项工作并不属于法律事务，而更多的是一种行政工作，其实不然。例如，股权出资，对出资股权的性质界定、评估、交割等实际上都是法律事项；再如，公司清算，清算组如何成立、清算过程如何设置、清算报告如何出具、清算后责任如何承担等也都是法律事项。笔者认为"工商事务"应该由法务部门来负责，这项工作中所涉及的法律文书制作、公司治理的变动、增资方案的设计、清算程序的履行等都需要依照法律执行，由法务部来操作比行政部门来处理更合适。

（2）公章管理。对于公章管理，笔者认为排除信任因素，更应该归属于行政部门来负责。公章管理的要点是"盖对章"，不该盖章的坚决不盖,例如,空白文件坚决不盖,盖章文件内容和审批文件内容不一致的文件坚决不盖。公章管理需要的是精细化管理,每一个用印流程都要登记清楚,每一个用印登记都要一一对应。这项工作靠的是耐心和细致,靠的是"铁面无私",更重要的是全天候在岗。因此,笔者认为,这项工作的法律属性并不强,可以由行政部门担当。

5. 法律报告

(1)法律报告的概述。法律报告是十分有必要在本书中加以讨论的内容。笔者所言的"法律报告"由两部分构成:第一,法律风险提示报告;第二,法律趋势报告。法律风险提示报告,顾名思义就是由法务制作的对公司所存在的风险进行提示,这种提示报告可以是定期报告(每月一次)也可以是不定期报告。报告的主要内容是对公司现存风险的提示和解决方式,报告中风险来源一般都是公司日常工作中出现的问题,报告的阅读者是风险关联方以及公司的管理层。定期报告一般是一个较长的时间跨度内,对公司总的法律风险的总结和分析,或者是对公司某核心工作的法律风险的总结和分析。不定期报告更常见于对某一个特定项目的具体分析和法律风险提示。

(2)法律风险提示报告案例。由于法律风险提示报告涉及公司经营的具体问题,所以笔者无法在下文引用一篇完整的法律风险提示报告来进行分析,在此仅以法律风险框架报告向读者展示,该报告将以员工离职时法律风险的提示为基本背景。

## 法律风险提示函——员工离职

集团人事部、子公司人事部：

　　法务部在办理目前集团发生的劳动争议案件中，归纳了我集团和相关子公司在和劳动者解除劳动合同过程中的相关操作瑕疵和法律风险，并提供了解决方案，请相关部门采纳并执行。

　　一、法律风险表现

　　（1）公司提前与劳动者解除劳动合同的程序存在瑕疵：_____。

　　（2）给予经济补偿金的计算存在瑕疵：_____。

　　（3）员工自行辞职的书面证据的留存存在瑕疵：_____。

　　二、法律后果

　　（1）公司违法解除劳动合同的法律后果：_____。

　　（2）给予经济补偿的计算瑕疵的法律后果：_____。

　　（3）员工自行辞职的书面证据的留存存在瑕疵的法律后果：_____。

　　三、解决方案

　　（1）公司提前与劳动者解除劳动合同的程序瑕疵的解决方案：_____。

　　（2）给予经济补偿的计算瑕疵的解决方案：_____。

　　（3）员工自行辞职的书面证据的留存瑕疵的解决方案：_____。

　　对于上述法律风险，请各公司的人事部门先进行对照，自查工作中是否存在类似问题，如存在上述法律风险，请参考第三部分的解决方案。上述工作希望各公司人事部门能在本函发出之日起两个月内完成相关工作。因实际工作中法律风险的表现形式多样，上文可能无法归纳所有的风险点，如果风险表现方式与上文不同，则需要定制解决方案，存在此种情况的或有其他需求或任何问题的，请与集团法务部张某联系，我中心将给予对应法律支持。

某集团法务部<br>20××年××月××日

（3）法律风险提示报告内容解析。法律风险提示报告的主要内容通常包括三块：现有法律风险描述、风险可能导致的法律后果、风险解决方案，这三块内容写清楚，一份报告就相对比较明确了。笔者想提示大家的是，除了对公司整体法律风险作出分析和判断的整体法律风险提示报告外，法律风险提示报告最好从小处着手，从一个具体问题入手，深入浅出地讲清楚、讲明白，不要太贪心，想在一个报告中把所有问题都讲了，这样的效果是不会好的，切忌"眉毛胡子一把抓"，没有一个明确的重点，法律风险提示报告如果篇幅太长也容易让阅读者丧失兴趣。同时，法律风险提示报告的语言不建议太专业化，因为此份报告的阅读人群都是非法律专业人士，作者要从读者的角度来组织语言，法言法语太多，不利于阅读者理解和实施。法律风险提示报告的主要目的是解决具体问题，不要过于夸大不利的法律后果，应该把解决方案做更细致的说明。如果一项具体工作中涉及的法律风险点比较多，那建议用表格形式来体现，这样比较清楚和直观，如表3-1所示。

表 3-1 风险报告表

| 主要风险点 | 具体风险表现 | 对应措施 | 要点提示 | 措施具体方案 |
| --- | --- | --- | --- | --- |
|  |  |  |  |  |

（4）法律风险提示报告的执行。法律风险提示报告出具后，一定要加强沟通，读者可能明白问题出在哪里，但是如何整改，往往是不清楚的，所以法务部要在报告出具后多做解释工作，首先让读者明白措施的必要性，还要让读者知道措施的操作方法和步骤。法律风险提示报告在出具前也要多听业务部门的反馈和说明，不要单纯地从法律角度出发，要充分考虑实际工作中的复杂性和变化。

法务可以设计一个法务风险提示函的程序性格式表单，该表单的主要用途就是规范法律风险提示函的发送流程，并记录相应部门的反馈和互动。一般可以包括法律风险提示函的发出、签收记录，并留有空间请其他部门人员填写反馈意见或者整改措施落实情况。这样做的好处是可以追踪法律风险改进措施的执行情况，避免"空对空"。

（5）法律趋势报告的价值。法务部门要出具的第二类法律报告就是法律趋势报告，这份报告其实是一份预测性报告，并不是针对现有法律具体问题而出具的解决方案，在现实工作中可能出具法律趋势报告的法务部门并不太多，但是笔者认为法律趋势报告是企业家、公司高管真正想看、想读的材料。原因有两点：第一，新业务的出现、新交易架构的设计、新盈利模式的被挖掘，有时候往往会超过现有的法律规定和监管办法，这就需要从梳理法律规定或监管趋势方面来对新业务进行法律判断，而作出法律判断的基本依据就是现有法律和监管规定的趋势分析。第二，法律趋势分析可以影响公司业务调整方向，或者挖掘新业务的机会。讲到这一点笔者就建议大家要重视法律草案，法律的改动不是一日完成的工作，必然会先公布草案和社会讨论稿，草案必然会反应现行法律需要被调整的内容，而社会讨论稿必然会反应相关利益方的诉求和主张。例如，2016年热议的《民办教育促进法》的修改、2021年修改的《民办教育促进法实施条例》，草案也是出了几稿，社会讨论十分热烈，如果从事相关教育产业的法务工作就应该参与研究，一方面要积极主动对法律的修改提建议，尽量争取自己的合法权利被法律确定；另一方面要研究法律修改的动态，未雨绸缪，做好法律改变后对业务开展的影响的应对措施的准备，将不利影响降到最低。读者会看到券商会出具某一个领域的趋势分析，例如，《新三板趋势报告》《家族信托管理趋势报告》等，其实法律趋势报告与其性质和功能类似，仅是内容不同，但它们的功能都是给公司经营者提供一个趋势分析、远观角度和提前应对的思路。

综合上文所分析讨论的内容，笔者认为一个理想的法务部必然是将法律业务工作内容和公司管理工作职能有机结合的部门，仅从事法律业务工作，就是属于"光干活、不管理"，可能会永远处于解决具体问题阶段，无法切入公司管理和风险控制。但是不把法律业务工作内容干好，可能无法使公司管理工作正常运行，公司管理工作必须依托于法律业务工作，没有这个基础，无法发现公司法律风险点，更无法提出有价值的管理方案。

（三）法务部的灵魂——法务负责人

法务负责人可以说是法务部的最高领导，也是部门的灵魂人物。法务负责人自身的职级和地位在某种程度上决定了法务部在整个公司的定位和层次。

1. 法务负责人的设置方式

有的法务负责人仅是部门负责人级别，相当于公司的中层干部角色，往往该法务负责人还要向某一个副总裁汇报工作，由这个副总裁来决定法务部相关重要决策。

有的公司则直接给法务负责人以副总裁的待遇，也就是说该法务负责人实际已经是公司高级管理人员，分工简单的副总裁可能只是管理法务部，但是也有一些公司副总裁既管理法务部又分管合规、风险控制等部门。

这些都是有独立法务部或者有法务团队的法务负责人的定位，如果公司没有法务部或者没有法务团队的，仅有法务专岗、法务专员或者一两名级别同等的法务经理的，那就很可能没有法务负责人的设置，法务专岗、法务专员或者法务经理的汇报对象有可能是人事部负责人、财务部负责人、行政部负责人、战略投资部负责人或其他部门负责人。

2. 法务负责人的称谓

法务负责人的称谓五花八门，通常是根据法务部的名称来设置的，例如，国有企业的法务部一般被称作"法务部""法律处"，那么它们的法务负责人就会被称为"法务部部长"或者"法律处处长"。外资公司擅长英语，所以其法务部一般被称为法律部（legal department），它们的法务负责人就有一个洋气的缩写"CLO"，就是首席法务官（chief legal officer），首席法务官与首席执行官（CEO）、首席财务官（CFO）、首席科技官（CTO）职位等级类似。跨国公司的法务负责人被称为"GC"，就是总法律顾问（general legal counsel）的意思。民营企业更偏爱法务总监（legal director）或者法务总经理这个称谓。

称谓如此多样，外人很难搞懂各个法务称谓之间不同的级别，而要想搞清楚，不能光看其名头，还是要看其具体的法务机构设置、部门内架构和汇报关系。

3. 法务负责人的来源

目前法务负责人的来源主要有以下几类：

（1）法务成长为法务负责人。这类人员一般在公司从基层开始干起，对公司历史沿革、人事情况以及工作方式都十分清楚，能够高效地对接公司事务；对公司忠诚度也较高。但是短板也比较明显，一般而言，由于这类法务人员长期在一家公司工作，对其他行业、其他业态的熟悉度较低，对不同管理模式的创新和不同工作机制的适应度不会有很快速的反应和适应。例如，传统制造业想成立私募股权投资基金的时候，如果这类法务人员没有日常相关知识的积累，就会对股权投资类的法律知识和实际操作比较生疏，不容易上手。

（2）市场招聘的法务负责人。法务特别是成熟法务的市场化流动十分多见，特别是公司规模达到一定程度后，对于风险把握和控制的内生性需求就会陡然增加，从公司内部培养又一时无法马上满足需求，从其他公司挖一个成熟的法务负责人就成为最便捷的方式，这种需求催生了很多发达城市的法务猎头机构。如果这类法务人员的职业经历比较丰富，履历比较精彩，例如，主导过重大投资项目、重大诉讼，长期管理团队等，那么相对而言，其很可能会极快地接手法务业务，并对现有法务管理的薄弱环节提出修改意见。

然而，这类法务人员能否很快适应公司环境并和其他部门形成合力，是很难判断的，仅仅面试是无法对这一方面作出判断的。毕竟如上文所述，不同性质的公司、不同行业的公司其工作环境、管控方式和商业模式都存在极大不同，要适应不同的公司风格显然需要法务人员具有一定智慧。另外，这类法务人员已经形成法律职业经理人的局面，其流动性比其他类别的法务人员更大一些，公司如何留住人才也是一个值得考虑的问题。

（3）法官、检察官等转型至公司担任法务负责人。这些人员的共同点是，他们在原来机关都是年富力强的业务人员，丰富的司法办案经验是他们的强项，这可以很好地补充诉讼类业务短板。但是从体制内到体制外、从机关到企业，他们所处的外部环境变化很大，能否适应、多久适应可能是他们所要面临的挑战。另外，公司所涉及的工作内容可能和机关存在差异，并不是完全单纯的法律事项，如何解决非法律事务也是他们的新课题。

（4）外聘律师转型至公司担任法务负责人。外聘律师可能是和法务工作重合度最高的职业了，所以他们往往对业务工作的适应性很强。但是鉴于律师灵活的工作模式和汇报机制，外聘律师转为法务负责人时，可能在坐班、汇报和协调相关部门等几方面需要作出改变。

4.胜任法务负责人的特质

无论法务负责人从何而来，理想的法务负责人必须具有以下几个特质，或者说有了以下几个特质，才能胜任该职务。

（1）与公司董事会和高管层在战略规划、经营思路和价值取向上保持一致，并充分理解。如果在这些大方向上不一致，甚至存在重大差异，一定无法形成合力，法务负责人无法从内心给战略规划等提供有效的、认同性的法律服务。如果法务负责人没有充分理解公司的定位和方向就无法提供针对性的方案，无法将比较虚拟的战略方向落地为具体的实施路径。

（2）具有快速的反应力和决策力。公司越大，工作内容越多，可能发生的各种各样的情况也会更多。法务负责人可能不需要从事具体的业务，不需要审核合同、不需要亲自办理诉讼案件、不需要自己跑到市场监督管理局等行政机构办理具体事项，但是其必然要做的事情，就是要解决法务部工作人员无法完成的疑难工作。当法务人员与其他部门工作人员发生认识不一致、工作中发生矛盾和冲突时，就需要由法务负责人出面调和和解决；当法务人员办理具体事务碰到壁垒、瓶颈和工作障碍的时候，就需要法务负责人提供解决方案和思路；当法务人员在调解、纠纷处理过程中遇到条件设置时，也需要法务负责人进行决策和反馈。可以说，法务负责人在关键的时候需要快速决策和反应。

（3）前瞻性的预测和研究能力。法务负责人必须"站在远处看近处"，对现有业务未来的法律调整和监管方向作出预测和研判，这样才能引领公司的业务发展方向。

（4）团队管理能力。法务负责人必须具有创建团队、带领团队和管理团队的能力，笔者要特别强调的是，要愿意为团队成员"背锅"，团队成员的过错就是你的过错，不要推诿、不要"甩锅"，这就是法务负责人应该承担的责任。在管理团队的过程中，要成为团队的"稳定器"和"心理咨询师"，在碰到大事和慌乱的时候，法务负责人要成为"定海神针"，保证团队的稳定，在团队成员遇到困难的时候，要能给予援手，更重要的是给予心理抚慰和疏导。

（5）职业经理人的素养和忠诚。大家常说法务负责人要把公司的事情当作自己的事情办理，但是有一点要明确，法务负责人必须具有职业经理人的素养和意识，不要超过公司授权行事，不要代替公司决策层作出决定，某种情况下一定要"多请示、多汇报"，摆正自己的位置、明确自己的权利义务。关于忠诚，从企业家角度来看法务负责人，忠诚可能比才能在某种程度上更重要，杜绝舞弊、不从事竞业行为、保守秘密……都是一个合格的法务负责人必须要有的品格。

（四）法务部的团队搭建

在法务负责人履职之初的两大问题一定是团队搭建和关键绩效考核设置，这两项工作是保证法务部正常运营的关键。本部分先讨论团队搭建，团队搭建的关键就是要知人善任，但是知易行难，这一点往往也是最难的。

1. 从需求角度拟定团队结构

法务部内部团队搭建因公司而异，也和法务负责人的主观想法有很大关系，我们在这里加以讨论的均是有法务部建制的情况，如果仅有一个或数个法务专员或者法务经理，而没有独立形成部门的，则不会涉及法务部内部架构的设计和法务人员的安排。

这部分内容解决的是如何建立合适的团队和分类岗位来适应公司的法律服务需求和风险管控的问题，最后的落脚点是在岗位和人员的对应性。

作为法务负责人，首先要对公司现存的法律需求作出汇总和分析，把需求汇总，再根据法律工作不同类别进行拆分，以便匹配岗位。岗位设置完成后，就要充分考虑不同能力、不同学历、不同职业背景的法务人员来匹配不同的工作岗位，最大限度利用其专长、规避其短板。法务人员的匹配除了工作分类法外，还要考虑年龄、性别的搭配以及人才的储备。成熟法务人员和法务新人要有一定的比例，保持团队内有人带领训练法务新人的节奏，团队成员年龄要保持"老中青"梯队，以免老同志面临退休，新同志还没有办法接手的"青黄不接"的现象发生。而性别搭配也很关键，艰苦外勤工作不合适女性的情况，或者年轻女性过多，扎堆生孩子无人承接工作的情况均需要考虑。

2. 团队结构案例

图 3-6 是一家公司的法务部架构图，这家公司法务人员的安排具有层递性：高层为法务负责人即法务总经理，统领部门工作；中层为法务高级经理，分别负责一个业务条线的具体工作；基层为法务经理和法务主管，分别在不同业务条线负责模块内工作；法务秘书则作为部门内行政工作的承担者。在实际工作中由于公司财务预算或者法务人员招聘的困难，要保持一个十分理想的法务团队和人员配置其实是很难的事情，在配置不到位的情况下，如何保持法务团队工作的畅通有效，可能还是要看法务负责人的领导力和团队的凝聚力了。

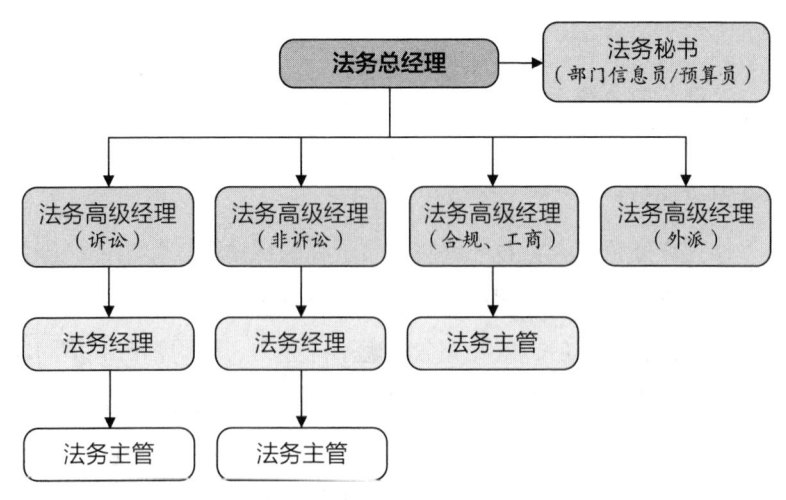

图 3-6 法务部内部架构

（五）关键绩效考核设置

法务部架构搭建完毕、人员到位后，对法务人员的管理就是法务负责人最重要的工作之一。目前的流行趋势和惯常做法是设置法务人员的关键绩效考核指标，薪酬奖金等与之挂钩。关键绩效考核已经普遍用于对员工的表现进行评价、衡量和打分。关键绩效考核对公司管理最大的贡献在于它把抽象的工作、把对员工工作结果的评估简化为对几个关键指标的考核。就是说，把工作内容转化为关键指标，而把关键指标作为工作能力、工作结果的评估标准，将员工的工作结果与评估标准相对照，最后将员工的薪酬奖惩与关键指标进行关联反映。这样在员工考核事项上就不用仅凭个人印象或者好恶来对个人工作进行评价了。

1. 法务关键绩效考核设置的难点

法务人员的关键绩效考核设置恰恰是法务人员管理中的难点，关键绩效考核指标设置得太简单，很容易达到，那考核就等于只是形式主义，只是走过场，而设置得太难，如果无法达到也无法进行考核，则会激怒各位被考核人。

这个事情对于人事部来讲，尤其困难，因为人事部根本不知道法务部整体忙忙碌碌在干什么，也不知道法务的工作难点和时间节点在哪里。法务人员的工作又很难用数据来表明，不像销售人员的关键绩效考核设置，最重要的指标显而易见的就是销售金额，既具体又明确。也不像质量管理部门的关键绩效考核设置，最重要的指标也很容易发现，就是合格率、残次率等，可以用数据表示，也必须用数据明确。笔者在和很多法务负责人进行交流沟通时发现，大家对于法务人员关键绩效考核指标的话题，都表示是一个比较头痛的问题,主要集中在关键绩效考核指标设置的合理性、关键绩效考核指标的激励效果等。这主要由于法务人员的工作主观性比较强,因而法务人员的关键绩效考核指标的确很难设定。

2. 法务关键绩效考核设置的建议

法务人员关键绩效考核设置理念是要综合考虑,既要考虑工作本身的情况,例如,工作性质、工作难度、工作周期、工作介入时间和各方配合情况等;又要考虑法务人员的主观工作态度,例如,主动性、持久性、细致度和完成的工作结果情况等。

要设置合理有效的关键绩效考核指标,必须先对其进行分解:第一,解构关键绩效考核的元素;第二,设定岗位对应的关键绩效考核元素;第三,对关键绩效考核结果进行运用。

3. 法务关键绩效考核案例

笔者将结合表 3-2 进行实务解析,需要说明的是,无论何种绩效考评方式都仅是一种评价工具,在对法务人员进行日常管理时,除了绩效考评更多地需要对其进行全方位的关注和评价。

(1) 表 3-2 的考核思路。这张关键绩效考核评分表把法务的被评价工作分为"日常工作业绩指标"和"重点工作业绩指标",也就是这张表所反映出来的管理理念是法务既要做好日常工作,又要做好一些非日常的临时重点工作。"日常工作业绩指标"和"重点工作业绩指标"就是需要设定的考核事项,"目标"就是工作完成状态的描述,这张表格分为"奖励目标"和"保底目标",顾名思义,奖励目标就是可以达到对法务人员进行奖励的工作完成状态,而保底目标则是指法务人员拿到 100% 绩效的工作完成目标,这种分类可以比较准确地判断、拟定的工作结果完成状态。"完成情况"就是最终工作的实际完成状态,"目标"和"完成情况"的两相对照，就可以发现理想和现实的差距了。这张表格对员工的绩效情况一目了然，有助于把考核结果与绩效奖金相挂钩。

表 3-2　法务部绩效评估表

| 工号 | | 姓名 | | 部门名称 | | 填制日期 | |
|---|---|---|---|---|---|---|---|
| 岗位名称 | | 职位层级 | | 直接主管 | | 评估期限 | |
| 1. 日常工作业绩指标（50%） | | | | | | | |
| 日常业绩指标 | | 指标定义及评分规则 | 目标 | 完成情况 | 比例 /% | 自评得分 | |
| | | | 奖励目标 | | | | |
| | | | 保底目标 | | | | |
| | | | 奖励目标 | | | | |
| | | | 保底目标 | | | | |
| | | | 奖励目标 | | | | |
| | | | 保底目标 | | | | |
| | | | 奖励目标 | | | | |
| | | | 保底目标 | | | | |
| | | | 奖励目标 | | | | |
| | | | 保底目标 | | | | |
| 合计 | | | | | | | |
| 直接主管评分 | | | | | | | |
| 2. 重点工作业绩指标（50%） | | | | | | | |
| 关键工作内部 | | 定义 | 目标 | 完成情况 | 比例 /% | 自评得分 | |
| | | | | | | | |
| | | | | | | | |
| 合计 | | | | | | | |

续表

| 直接主管评分 | | |
|---|---|---|
| 签名： | | |
| 日期： | | |
| 被考核人： | | 考核人： |

（2）法务关键绩效考核指标的设置方法。法务关键绩效考核和其他部门其实没有本质的差别，关键在于考虑以下问题：

①"关键业绩指标"和"关键工作任务"由谁设定？如果由员工自己设定，那么是否会导致指标设定得过于简单，目标十分容易就完成，从而不具有考核实际效果；如果由人事部门设定，也会存在问题，因为除了法务部本身，其他部门的人很难深入地了解法务工作的真实情况、工作量和工作难度，所以目前一般都是由法务岗位每个法务亲自来草拟"关键业绩指标"和"关键工作任务"，法务负责人最后确定其指标和任务设定的合理性，再由人事部门根据公司整体重大工作和业务指标进行复核，以免法务避重就轻、避难就易。

②完成情况由谁确认，目标完成情况由谁打分？这涉及工作结果的确认问题，实际工作中结果的情况和形式可能远比原来设定的目标要复杂和多样。首先工作完成情况对应工作目标的哪一级，要判断是属于完成了"基本目标"还是"挑战目标"，而有时候工作完成的实际情况完全超出了工作目标的范围，可能面临既不符合"基本目标"，又不符合"挑战目标"的情况。目前，一般做法都是由法务负责人来负责对照确定，但是最后则要由人事部门会签或者分管领导确定，以排除法务负责人偏袒本部门人员、维护部门利益的情况。还有一种做法是公司内部成立关键绩效考核考评委员会，

由不同部门的负责人或者分管领导组成，进行统一打分或先各自打分再进行综合。

③"工作目标"可否事后调整？法务工作充满了不确定性，一个案子的结果、一个项目的谈判，其结果和初衷可能会相差十万八千里，例如，应收账款的追讨，如果"基本目标"制定的是"收回50%的欠款"，"挑战目标"制定的是"收回80%的欠款"，但是如果在实际案件中，对方提出了质量异议，把原诉讼请求对冲了一部分，那最后收回欠款的比例应该如何计算呢？再如，年初设定关键绩效考核指标的时候，"关键工作任务"设置的是当时认为很关键的工作任务A，而且打分权重很大，可是到了半年度的时候发现，该工作任务A实质性障碍太多，无法完成，公司的重点任务中删除了该项工作任务，这时候是否应该选择调整"关键工作任务"？

因此，关键绩效考核指标的设定是一件很纠结、很痛苦的事情，想通过关键绩效考核指标进行有效的管理，必须先对关键绩效考核指标作出有效的设定，公司对关键绩效考核体系有明确到位的设计，考评规则详实可操作。关键绩效考核体系涉及全公司，这虽然不是法务部一家可以解决的问题，但是在关键绩效考核讨论阶段，一定要根据法务部自己的实际情况，分析论证，加以细化。另外，和人事部就关键绩效考核设置谈判也是法务负责人的主要工作，在关键绩效考核设置和考核方面要最大限度取得人事部或者关键绩效考核机构的理解和支持。

（六）请重视法务部的预算

年度预算会议非常消耗精力和时间，因为年度预算会议够长、够吵、够火爆，每个部门的主要任务是向董事长或经理申请更多的预算，或者不让董事长或经理砍掉自己草拟的预算，所有部门都在列举种种理由、提出种种依据来证明自己的预算金额是合理的，是必须要得到保障的，法务部也不能免俗，每年都要面对预算工作。

1. 法务部预算制定的难点

和其他部门相比，法务部的预算尤其难做，因为要花钱的事情都还没有发生，例如，我们根本无法预见明年是不是有诉讼、仲裁发生，发生的案件标的额有多大，外聘律师费用有多贵，会不会调解，调解达成的支付款项金额是多少？会不会有投资项目要发生，要去哪里出差，需要几天？然而即便如此，笔者还是认为不能轻视法务部的预算制作，从公司管理要求看，预算是公司成本管理的重要手段，也是公司内部资源配置的方法；从现实角度看，整个公司的预算不可能少一个部门不做；从方便法务工作角度看，经过批准的预算就可以合法支取，不需要再经过烦琐的审批流程；从功利角度来看，预算匹配度往往是法务负责人的关键绩效考核指标之一。

2. 法务部预算制定的案例

笔者模拟了一家公司的法务部预算科目表，该公司的预算做得比较细致，如表3-3所示，该表的科目需要按照每月、每季度来汇总列支，笔者将表格中所设计的科目做一个案例分析，帮助读者理解预算制定。

法务部预算制定的步骤：第一步，取得去年实际发生的各科目金额汇总表，去年发生的金额对今年的预算金额肯定有参考价值，更重要的是董事长或总经理一般都会问"去年你们花了多少钱""为什么去年才花10元，今年要花1万元"之类的问题。第二步，对预算科目中可以计算、可以预估的项目先做预算，笔者姑且把这些项目称为"固定项目"。以表3-3为例，所谓的"固定项目"就是"薪资""职工保险和福利费""工会费用""餐费""员工通讯补贴费""交通费""体检费""培训费""招募费""运杂费""仓储费""员工宿舍租金"和"物业管理费"，这些项目都属于可以预先知晓的项目，因为这些项目的基数是稳定不变的，只需要把员工人数和人员编制定下来即可以计算所得。第三步，选出可以直接参考上一年度实际使用金额的科目，这种科目笔者暂时称为"不变项目"，例如，"会员费""认证注册费""水费""电费""审计费""保险费""房屋建筑维修费""设备保养费""汽车维修费""广告费""办公费""劳动保护费"和"会务费"，这些项目都属于可以根据上一年度实际使用金额，适当增减后直接确定的科目。第四步，是最难作出预算的部分了，就是表格中除了上述科目以外的剩余科目，这些科目之所以难以预测，是因为事件发生概率无法判断，怎么来预先估计费用呢？笔者的经验是，先从未结的案件和纠纷开始计量，这一块的费用相对可以测算；再结合公司业务情况预测可能发生的纠纷情况，根据合同标的、项目先期投入资金进行测算；最后费用类的预算可以根据去年的实际使用情况，稍做增加后测算。为了预算可以顺利通过，一定要准备好往年的费用情况和计算依据。第五步，一般而言，年度预算会在半年度的时候做一次调整，如果预算结果作为权重较大的考核项目，读者一定要珍惜调整机会，根据半年度工作的实际情况作出尽量精准的预测调整，不能有"预算做得越多越好"的理念。

表 3-3 法务部预算表

| 科目组 | 科目名称（中文） |
| --- | --- |
| 职工福利 | 薪资等 |
| 职工福利 | 职工保险和福利费 |
| 职工福利 | 工会费用 |
| 其他人工 | 餐费 |
| 其他人工 | 员工通讯补贴费 |
| 其他人工 | 交通费 |
| 其他人工 | 体检费 |
| 培训费 | 培训费 |
| 招募费 | 招募费 |
| 物流费 | 运杂费 |
| 物流费 | 仓储费用 |
| 物流费 | 销售运费（国外） |
| 物流费 | 销售运费（国内） |
| 物流费 | 海关相关费用 |
| 差旅费 | 国内差旅费 |
| 差旅费 | 国外差旅费 |
| 交际应酬费 | 交际应酬费 |
| 交际应酬费 | 礼品费 |
| 折旧摊销 | 折旧 |
| 租金 | 机器设备租金 |
| 租金 | 员工宿舍租金 |
| 租金 | 物业管理费 |

续表

| 科目组 | 科目名称（中文） |
|---|---|
| 专业服务费 | 顾问费 |
| 专业服务费 | 律师费 |
| 专业服务费 | 审计费 |
| 保险费 | 保险费 |
| 认证注册费 | 会员费 |
| 认证注册费 | 认证注册费 |
| 能源费用 | 水费 |
| 能源费用 | 电费 |
| 维修费用 | 房屋建筑维修费 |
| 维修费用 | 设备保养费 |
| 维修费用 | 汽车维修费 |
| 市场费用 | 广告费 |
| 办公费用 | 办公费 |
| 办公费用 | 劳动保护费 |
| 办公费用 | 邮寄费 |
| 通信费 | 通信费 |
| 车费 | 交通费（主要包括出租车及公交车费） |
| 车费 | 汽车运行费 |
| 会务费 | 会务费 |
| 税金 | 税金 |
| 物料消耗 | 物料消耗 |
| 物料消耗 | 物料消耗（备品备件） |

续表

| 科目组 | 科目名称（中文） |
|---|---|
| 物料消耗 | 物料消耗（低值易耗品其他） |
| 杂费 | 废物处理费 |
| 杂费 | 其他 |

## 二、君子善假于物

荀子的《劝学》一文中有这么一段话："假舆马者，非利足也，而致千里；假舟楫者，非能水也，而绝江河。君子生非异也，善假于物也。"笔者一直认为这就是法务部工作的技巧，法务部的工作综合性比较强，必须协调安排的事项也比较多，一定要善于利用外部有利条件和其他部门的帮助，在工作中找准定位。

（一）法务部在投资并购案件中牵头人角色的履行

很多法务负责人都有这样的感受：法务部要把工作做好，一定要团结一切可能团结的人，没有相关部门等配合和支持，光靠法务部自己要独立完成工作，几乎是不可能的。但是法务部应该在一个工作项目组中承担何种角色，主要是由工作本身决定的，例如，税务核查，肯定是以财务部门为牵头人，法务部应该定位为配合方。而在有些项目中应该以法务部为牵头人，其他部门为配合方，法务部应该如何承担牵头人的角色和开展工作呢，笔者以一个投资并购项目工作实例来作出解析。

1. 牵头人的工作从发文单做起

公司要发起一个大项目的时候，首先会进行前期情况了解和尽职调查，项目情况明朗后，股东大会（或股东会）或者董事会会进行决策，决策出台后，即进入了具体的工作流程。公司一般的日常工作都已经按照部门职能进行了分工和安排，然后像首次公开募集股份、定向增发（向特定投资者发行股份）等重大项目并不是一个部门可以完成的工作，也不是已经被某些部门职能明确的工作，这类工作一般都需要投资部门、财务部门、证券部门和法务部门等不同部门通力合作，才能圆满完成。如果法务部被交办了类似规模的工作，那么法务部就必须把自己定位为牵头部门，发动所有相关职能部门和子公司一起完成这项工作。作为牵头部门第一件要做的事情，就是为该项任务专门成立一个工作小组，集中力量专项从事该工作。因此，在项目启动之初，先要确定工作组牵头人和工作组成员并用公开发文形式加以固定。下文笔者以一个投资并购模拟项目为例，向读者展示专项工作组成立的发文单。

## 关于成立 B 股份有限公司并购 A 有限公司项目工作组的通知

各职能部门：

我公司拟以受让股权的方式并购 A 有限公司（以下简称 A 公司），关于此项目拟于 20×× 年 ×× 月 ×× 日开展，为了保证各项工作能够积极稳妥有序开展，经报我公司董事会同意，成立 A 公司并购项目工作小组，负责项目整体进度和并购计划的实施。

具体工作组成员及工作职责如下：

一、项目工作组成员

组长：董事长

副组长：财务副总裁

组员：法务总经理、投资部总经理、董事会秘书、财务总经理项目工作小组下设办公室，办公室设在法务部，该办公室为本并购项目工作牵头人。

二、工作职责

（1）财务部门聘请会计师事务所、资产评估机构、律师事务所、财务顾问等中介机构；

（2）法务部门全面协调公司与商务部、市场监督管理局等省、市各有关部门、行业主管部门、银行等金融机构以及各中介机构的关系，并全面安排工作进程；

（3）财务部门配合会计师和评估师进行资产审计、公司财务审计、会计报表审计及资产评估工作；

（4）法务部门配合律师事务所，处理并购有关法律事务，包括并购谈判，制作各项决议文件、收购协议、保密协议、项目贷款协议等；

（5）投资部门制定并购方案、进行投资回报率测算等；

（6）其他相关事宜。

特此通知。

B 股份有限公司

20××年××月××日

从上述发文可以看出这是从 B 股份有限公司通过受让 A 有限公司原股东股权的方式来完成并购的工作安排，可以想象的是这个项目一定比较大、比较复杂，需要各部门通力协作完成。同样，A 有限公司为了完成此项目一定也有一张对应的发文单，其工作内容应该会与上文相对应。上述文件的发送对象是 B 股份有限公司下属所有职能部门，这并不是小题大做，其目的是通知相关职能部门配合投资并购工作小组的工作。这个要求来源于现实的工作需求，例如，B股份有限公司在受让股权的过程中一定需要对A有限公司的股权情况和主营业务情况做尽职调查，就需要上述各部门配合分别从财务、投资和法律角度提供尽职调查的结论。该发文单的工作小组组长人选的级别都比较高，表明B股份有限公司对该项工作的充分重视，并告知大家工作小组的授权来源。在工作职责方面，将投资并购小组主要的工作内容进行了列举，由于这不是日常工作，具体工作内容并不是所有人都可以在既有工作安排上查询到的，所以需要将该投资并购的核心工作进行明确。最关键的是确定了该项目的牵头部门，把法务部定位为牵头部门。而从法务部的角度来看，此张发文单充分给法务部授权，可以使法务部把项目总体任务进行分解，按照工作性质分配到不同部门，从而形成工作合力，保证工作效果。

2. 万事开头难，先制定工作时间进度表

工作小组搭建后，牵头部门要做的第二件事情就是落实工作内容、工作责任人并明确工作时间进度。因为无论是首次公开发行股票、定向增发还是投资并购项目，其工作量都是极大的，参与工作的人员多、涉及的工作范围广，不进行工作内容和流程的梳理，不明确工作内容和责任人，很容易就延误工作时间，错过合适的窗口期。如上述的投资并购项目，B股份有限公司工作组成立后一般都会先根据并购目的，把所需要完成的工作做一个列表，更重要的是根据工作先后顺序排出完整的时间表、落实工作责任人，表3-4就是一张对应上述投资并购项目的时间表。

表3-4 ××项目进度表

| 时间 | 事项 | 责任方 |
| --- | --- | --- |
| 1月5日 | 签订保密协议 | 法务部、律师 |
| | 公司内部立项 | |
| 1月15日 | 开始尽职调查 | 投资部、财务部、法务部、律师 |
| | 向对方提供尽职调查清单 | |
| 3月1日 | 审计、评估和尽职调查完成 | 投资部、财务部、法务部、律师 |
| 3月20日 | 制作具体投资并购方案 | 投资部、财务部、法务部、律师 |
| 4月20日 | 与对方谈判，确定投资并购方案实施细节 | 投资部、财务部、法务部、律师 |
| 4月30日 | 召开投资决策委员会，审批该项目 | 投资部 |
| 5月30日 | 根据决策意见进行再次谈判 | 投资部、财务部、法务部、律师 |
| 6月10日 | 董事会、股东大会审议批准投资方案 | 法务部 |
| 6月30日 | 与银行洽谈融资计划 | 财务部 |
| 7月20日 | 根据投资并购方案签订协议 | 法务部 |
| | 签订贷款协议 | 法务部、财务部 |
| | 进行并购交割 | 投资部、财务部、法务部、律师 |
| | 派驻人员 | 人事部 |
| | 媒体新闻会 | 品牌部 |

注：以上时间表为初步规划，如有变化须待方案调整后确定。

3. 注重信息汇总、疑难问题解决、及时汇报

上述工作框架搭建完毕后，就是紧锣密鼓、有条不紊地实施

了，法务部作为牵头人，除了完成自己部门作为责任人的工作外（一般是法律文件起草、核对、协议谈判、签订和信息披露等），还要履行牵头人的职责。具体而言，就是定期把分配给不同部门的工作内容完成情况和时间进度信息予以汇总。

（1）进度汇报。一般的工作方式是定期召开碰头会，在会议上把各自的工作进度进行交底，对无法按时完成的工作内容在会议上加以讨论，寻找原因和解决方案。定期碰头会一般会形成会议纪要，同样是明确具体的工作内容和责任人以及配合部门。在定期碰头会之外，如果碰到紧急需要解决的问题或者需要专项讨论的事宜，还可以召开专题会议，专门讨论和解决相关事宜。如果遇到需要股东会或董事会等决策机构作出决策的时候，还需要做专题汇报。

（2）协调工作。上述事宜都是法务部作为牵头人所必须要完成的工作，虽然在本书中这类工作看起来挺简单，其实要做好还是不容易的。律师和券商的要求往往从符合最严监管要求、过会要求出发，但是每个公司都有自己的实际情况，有时并不能完美地达到理想状态的要求，这就需要牵头部门把要求和现状进行对比，找出实质性的差异，并找到可操作性的解决路径。

每个参与部门的工作人员能力有高有低，工作速度和效率就有很大差别，特别是没有参加过类似工作的人，可能对这类工作都没有基本的印象和感觉，为了保证工作结果保持在同一效率上，就需要牵头部门针对薄弱环节的工作人员进行专门的辅导和答疑，提升其工作能力和效率。不同的工作配合部门领导的管理风格也不尽相同，在同一项工作面前，各自的角度和出发点也不同，配合度自然也不同，如何协调这些部门领导也是牵头人需要做的工作。

在一个项目的操作过程中经常会遇到各种突发情况，例如，资本市场上对该项目的负面炒作和投资者质疑，面对这类突发情况需要快速应对和解决，一般也是由牵头部门负责的工作。当然，向决策机构进行汇报，明确新的决策内容也是牵头部门工作的应有之义。直到最后的所有材料核对定稿、用印、上传和存档等工作，也都是由牵头部门责任。

（二）律师事务所的选择和合作模式

1. 选择与律师事务所合作的模式

和法务部直接相关、工作关系最紧密的中介机构恐怕就是律师事务所了，律师事务所的选择一般都会被授权给法务部处理。除了律师事务所外，法务部还会与翻译机构、审计机构、证券公司和会计师事务所等存在工作联系。笔者拟从选择律师事务所为例，介绍不同的中介机构的选择方式。

（1）没有选择的情况。在公司股东结构比较单一，或者公司规模比较小，或者公司控股股东直接兼任公司管理层的情况下，如果公司控股股东还碰巧有律师事务所的资源，那很可能公司控股股东就直接对律师事务所的聘用作出决定。这种情况下，法务部没有选择的余地，但是与律师事务所的日常工作合作和联系会由法务部来承担。

（2）各种合作模式的优劣分析。如果公司董事会或者管理层把选择律师事务所的权利授权给法务部，那么法务部一般也会有几种不同的做法。

第一种是根据公司自身情况结合法律服务需求直接选聘某一家律师事务所作为常年法律顾问，由其提供包括单项法律服务和日常法律服务的全套服务。这种做法的好处是，律师事务所在合作一段时间后对公司的情况就会十分熟悉和了解，有利于提高工作效率，但是缺点也很明显，不利于形成提升服务质量的竞争，同时一家律师事务所的服务方式在发生紧急事件或需要长时间工作的项目时，往往不容易满足公司服务的要求。

第二种是选择一家常年法律顾问负责日常的法律支持工作，在发生特定的项目或者纠纷时，另外聘请其他业务针对性强的律师事务所提供更专业的法律服务。这种方式充分考虑了日常业务和专业业务的差异，根据具体工作安排具体律师事务所，具体事情具体代理。

第三种方式较为复杂，就是建立律师服务供应商库。这种做法是先建立一定的选择律师事务所的标准和要求，把满足要求的律师事务所作为公司律师服务供应商库，有具体业务需要选聘律师事务所时，就在律师服务供应商库中进行选择，这种方式被很多大型企业和外资公司、国有企业所采用。特别在一些集团化程度比较高的公司，下属的业务种类多、跨度比较大的情况下，还可以在总的律师服务供应商库中，根据业务种类设置不同的细分的律师服务供应商子库，针对性地选聘律师。实行集团公司公开选聘律师事务所进入律师服务供应商库，这种方式的好处在于可以解决集团下属各需求子公司各自为政的情况。如果未实行律师服务供应商库制度，那么一旦子公司发生任何法律服务需求都可能由其自行选择律师来提供服务，而集团法务部无法事先对律师事务所和律师进行选择和考察，最多仅在年终对其当年的法律事务处理结果和费用总额做一番了解和备案，这种方式不适合集团公司法律业务的发展，随着公司的不断发展，法律事务会越来越多，每年参与集团各下属子公司法律服务的律师也会越来越多，如果不建立一个法律服务供应商的标准，那么容易出现整体法律服务质量参差不齐，法律费用标准和预算在不同子公司存在很大差异的情况。要解决这个问题，就应该实施整个集团统一的律师服务供应商库制度。

2. 建立律师服务供应商库实务操作

实施整个集团统一的律师服务供应商库制度，实际上搭建了一个集团外聘法律服务的制度，一般可以按照以下七个具体操作步骤来完成：

（1）汇总所有集团本部和子公司的法律服务需求，并对上述法律需求进行分类。分类的标准不但要参考不同的子公司业务单元，还要充分考虑法律需求本身的性质，区分共性和个性的法律服务需求。例如，以工商登记、变更等为代表的行政审批业务就可以跨越所有子公司成为一个单独的法律服务事项，而保险公司理赔法律支持就是仅在保险公司内部特有的法律需求。最后根据法律需求的汇总和分析结果，按照法律需求本身的性质做分类，一般可以分为境内法律事务和境外法律事务两大类，然后再进行小类别的分类。例如，境内法律事务又可以分为诉讼仲裁类、投资并购类、证券类、劳动人事类、保险类、银行类和非银行金融机构类；境外法律事务则可以按照子公司所在国别进行分类。另外，还可以对律师事务所的服务合同模式做分类，分为专项法律顾问合同和常年法律顾问合同两个类别。

（2）对拟选入律师服务库的律师事务所的年营收、人数、执业方向等条件进行设置，并明确只有符合上述条件的律师事务所才有资格申报进入律师服务供应商库。要完成上述指标的设置，首先要对律师事务所的收入规模和律师事务所规模做一个摸底。特别要提示的是对于上述指标要区分本地律师事务所、全国性律师事务所和国际律师事务所作不同的设置。由于在二三线城市中，本地律师事务所、全国性律师事务所和国际律师事务所在律师人数和收入规模方面都会有较大的差异，无法在一个数量级上进行设置。各地的司法局其实都有相关数据，法务可以前往司法局取得相关信息。

（3）选聘的方式可以采取公开邀请招标和定向邀请招标的方式。公开邀请招标就是采取向社会公开发出要约邀请，邀请符合条件的律师事务所在规定时间内进行材料申报的方式。一般可以在材料中特别要求律师事务所要提供近三年的诚信证明和无投诉记录，如果集团下属子公司较多的，那么可以先定每一家律师事务所最多申报的服务子公司数量的上限，例如，一家律师事务所最多只能给集团下属两家子公司提供服务，又如，同一家律师事务所最多只能进入五个专业法律库。同时，鉴于法律服务的主观性，律师事务所申报材料后，可以由集团法务部安排人员和子公司法务人员当场沟通业务要求和业务内容。

（4）由法务部牵头，整合集团财务、子公司董事长和子公司法务对符合条件的申报律师事务所进行选拔，一般可以成立一个选拔小组来完成相关选拔工作。选拔的方式可以采用书面审查和"路演"。书面审查就是通过对律师事务所提交的材料进行审查，选出相应的律师事务所。"路演"是指先进行材料审查初选出一部分入围的律师事务所，再由入围的律师事务所进行现场"路演"，然后确定律师事务所。

（5）对入选律师事务所进行综合打分，将报价、资质等设计不同权重来进行综合打分，从而选出每个业务子库和子公司库分数最高的前三名律师事务所。

（6）对于被选中的律师事务所进行"利益冲突"筛查。在完成上述所有工作后，笔者建议如果是国有企业，那么就可以上集团总裁办公会或者其他决策机构来确定律师事务所名单；如果是外资企业，那么需要上报董事会等决策机构审阅确定；如果是民营企业，则要按照公司章程或者其他公司内部制度来申请集团董事会或者其他决策机构批准。

（7）集中签订由集团法务部统一制作的常年法律顾问合同和发放律师服务供应商库资格证书。

介绍上述制度，目的是便于集团法务部规范外部律师的聘用流程，防范制度风险，通过这种方式可以有效对外部律师的法律服务水平进行管理。同一业务类别对应三家律师事务所的做法，也可以有效控制法律服务费用，同时有助于在三家律师事务所之间形成法律服务质量的良性竞争。需要提示的是，在使用这种律师服务供应商库的工作机制后，还可以根据该机制的实施情况进行适时地调整。对取得律师服务供应商库资格的律师事务所采取入库资格年度审查的长期考察机制，可以与司法局形成信息通报通道。对于已经取得律师服务供应商库资格，但是在工作中存在违规行为或者被司法局处罚的律师事务所，采取取消其律师服务供应商库资格的措施。

3. 选择外聘律师的小技巧

上文系统地介绍了选择外聘服务律师的途径和方式，下面再介绍一些小技巧，供读者参考。

（1）公开检索。目前判决书已全面公开，所有人都可以在法院网站上进行查询，在判决书中代理律师都已经列明，所以如果要选择诉讼律师，可以以该律师名字为检索关键词，查看一下该律师所代理的案件种类，观察其曾代理的案件情况，甚至可以计算该律师一定时间段内的胜诉率，来判断其胜诉情况；同时，可以判断该律师在某一领域是否有专长，是否大量处理过相关案件，是否有该类型案件的丰富诉讼经验。更进一步地可以比对该律师代理过的具体案件与本公司在手案件法律关系、双方诉求、争议焦点等关键指标的相似度，查看该律师的主要代理意见是否具有对应性、专业性，最后被法官采纳的情况如何。把该律师代理的既往案件与本公司在手案件的诉讼思路相比较，还可以判断目前诉讼思路的可行性。

（2）充分比较。在选择具体诉讼案件或者项目的外聘律师时，可以同时请两到三家律师事务所出具对应的解决方案，通过比对不同解决方案来选择最适合该案件的律师。在选择外聘律师时还可以借助一些排名机构的不同业务领域的排名，例如，法律500强（The Legal 500）每年出具的《客户情报报告》（Client Intelligence Report）就对亚太地区的律师事务所进行了排名，遴选出了20家亚太地区顶级事务所；再如，法律评级机构钱伯斯（Chambers and Partners），每年发布《亚太法律指南》（Asia-Pacific Guide），对中国地区的中资律师事务所的律师进行了排名，这张榜单对法律业务进行了分类，在同一业务领域中又根据法律服务内容进行了细分，排名到具体律师个人。这些排名和榜单都是可以作为参考的依据，但是笔者个人还是认为，并不是单纯的一味的大律师事务所就一定能出好的效果，案件一定要匹配合适的律师去做。

4. 境外律师的选聘

随着国际化的发展和国内公司境外投资的迅猛发展，中国公司对于境外的法律服务需求日益增长，然而境外法律体系、规则与中国法往往不属于同一法系，境内外法律服务市场行情也各有不同，选聘境外律师和选聘境内律师的着重点和角度也存在差异，如何选择合适的境外律师、如何管理其工作质量、如何控制其费用成本会成为一些拓展境外业务公司的法务的难题。笔者归纳了以下选择重点和方式以供参考。

（1）境外律师执业领域较为细分，所以要先判断自己的法律服务需求内容属于哪一个法律业务板块，并对应去寻找在该业务板块具有较强能力的律所。

（2）律师对中国业务的重视程度和对委托方的认可度是非常重要的考察内容。选择一个对中国文化和经济环境有一定了解、对中国公司本身比较信任的律师非常重要，他们在办理案件的时候会更用心、会投入更多精力，从而避免后续不必要的沟通成本。

（3）可以和境外律师进行价格封顶谈判，即设置一个律师费的最高额，在不超过这个数额之前按小时结算律师费，一旦总额达到或超过最高额，则费用适用最高额。目前，有一些国家的律师事务所可以接受这种方式。

（4）不能做"甩手掌柜"。总的而言，要根据所在国家司法环境、律师市场成熟程度、平均费率标准等因素来选择适合自己公司的律师。但是法务不能因为自己不熟悉该国法律就一股脑儿把所有事务都直接交给律师管理，而应该自己尽可能地熟悉该国法律制度、相关司法程序以及律师和客户的关系规则，否则法务会无从判断律师提出的方案是好是坏、律师处理方式的优劣、律师是否尽心尽责地处理事务。

（三）对律师事务所的管理

在法务部对律师事务所的管理问题方面，不同法务部的管理模式也是各有特色。总的而言,法务对律师事务所的管理主要体现在服务费用和工作质量方面,有的时候,这两者的管理界限并不是很清楚,通常会一并予以管理。笔者总结了目前流行的管理方式,主要有如下几种。

1. 工作目标管理法

(1)适用场景。这种办法适合对个案的考核,例如,具体的诉讼案件、仲裁案件,其实在大量采取风险收费方式的案件中就体现了这个管理模式。在资本市场项目中,例如,首次公开发行股票和定向增发、配股以及其他再融资项目中,一般会采取工作目标管理法,把律师事务所的收费与工作目标做对应。这种管理方式的难度在于要事先对所有的不同收费情况作出预测,如果漏了哪一种情况,就会发生扯皮。

(2)失败案例。我们以诉讼案件作为例子,读者可能会觉得奇怪,诉讼案件的结果无外乎是败诉、胜诉或者调解,为什么会有预计不到的情况呢?其实,每个案件案情不同,其诉讼结果会有很大差异。笔者在担任律师的时候,曾经办理过一个追讨设备应收款的案件,这个案件的法律关系相当简单,设备买卖合同签订得十分清楚,双方在协商过程中也没有任何争议,完全是因为买方资金不足,无力支付款项。笔者就在律师代理合同中进行了这样的约定:"①基础费用1万元,在立案前支付;②风险代理费用在欠款收回后,按照收回款项的20%支付律师费用。"代理合同签订完成后,笔者投入了追讨过程,在诉讼中,对方在另一个法院提起了诉讼,要求法院确认原告的设备不符合国家质量标准,并要求承担修理费用。最后笔者代理的案件受理法院的判决认定被告欠原告设备款,应予以支付。但被告起诉的案件的受理法院经过鉴定后确定了设备不符合质量标准，需要原告承担修理费用。两笔款项的金额基本相当，虽然笔者代理的案件后来执行到了部分款项，并对被告起诉的案件进行了上诉，但是原告一直不愿意向笔者支付风险代理部分的费用，因为原告认为，如果被告起诉的案件最后结果对原告不利，那么笔者就没有给原告实现欠款的追讨。

2. 工作量管理法

这种管理方法比较多地适用于按小时收费和常年法务顾问的工作模式中。按照小时收费的服务方式，在目前的中国法律服务市场特别是中国律师中虽然日益增多，但仍不是主流的收费方式。这种收费方式下，登记和计算工作量就是一种必需的工作，而法务也会严格审核小时收费表，除了工作内容是否真实外，还会查看工作内容和工作时间对应的合理性，对于一些明显不符合时间的开支，予以删除。此种方式特别适用于工作量无法提前预估、项目或者案件完成时间无法预测的情况。

3. 常年法律顾问合同的管理

对于常年法律顾问合同的履行，一向属于不太好管理的项目，因为在长达一年的时间内，如果大家都按照印象来考核，那么法务肯定会说"某律师好像这一年也没干啥事，付这么多律师费真是亏了"，而外聘律师可能会说"明年这个价格不能干了，一年干了那么多事情"。为了解决这个差异，在常年法律顾问合同中，公司和律师事务所可以约定一个保底的工作小时数，也就是说律师为公司提供的法律服务在保底工作小时数内的，不再另外收费，如果超过保底小时数，律师就有权按照某一个收费标准另外收取费用。建议法务和律师都各自做好工作量记录，在年终时做统一的结算。有的常年法律顾问合同还会在合同中约定半年度核查一次工作量，并给予调整法律顾问费用的机会，如果工作量的确严重超过了保底工作量，律师有权就下半年的服务收费标准做调整。

4. 对律师年度检查

这种方式常见于集团法务部对下属子公司所聘请的律师事务所的管理方式，特别是律师事务所都是由集团下属子公司直接聘请的情况。

（1）检查流程。集团法务部会组织特定的时间，通过检查律师事务所完成的工作案卷来核对律师办理事务的结果，并对照律师聘用合同和办案结果来核查子公司向律师事务所支付的费用是否合理，同时还会查看律师事务所在提供服务时是否存在违规和不廉洁的情况。

一般在检查后，集团法务部会向集团董事会、经理，子公司董事会、经理以及其他部门负责人发送一份检查报告，将检查中出现的问题予以揭示，并提出改进建议。

这也是集团公司监督和制衡下属子公司的一种有效方式，这种方式逐步成为集团法务部的固定工作内容。

（2）检查重点。集团公司对子公司外聘律师进行年度检查时一般需要完成以下检查工作内容：①子公司签署的所有律师聘请合同是否完整、是否有效、是否有针对性，外聘律师的审批流程是否符合公司制度规定。②子公司给予外聘律师的服务价格及其支付情况，除了法律服务费用、案件代理费用外，还包括各种交通补贴、费用报销等支出情况，有的时候会发生其他费用高于案件代理费的情况，所以其他费用也是检查的重点。③外聘律师的年度工作量或者具体案件的办理情况。其实就是考察外聘律师的工作态度、专业能力、服务质量等内容，在外聘律师工作中是否存在违规、违纪、违约、失职的情况等。而对于项目或者案件结果以及案件中存在的问题，要重点作出考察，特别是关键项目、重大案件中敏感问题和重点问题的具体应对和处置措施是否得当、有效要作出评价。④审阅外聘律师及律师库名单的调整建议及增补请求，审阅暂停聘请某些外聘律师事务所、增加新的外聘律师事务所、调整原已聘用律师事务所服务的专业类别或服务对象及具体服务律师等内容。在集团法务部进行上述工作中要明确工作检查所覆盖的范围和时间区间，涉及哪些部门、哪家子公司，检查工作的内容跨度（一般包括常年法律顾问、专项咨询、律师见证、尽职调查、诉讼仲裁等服务）和检查工作的时间跨度。当然，如果检查内容很多、工作量很大的，也可以采取访谈、抽查的方式来完成。最重要的是对于检查结果要上报集团和子公司管理层，以便推进外聘律师工作效果、提升外聘律师服务质量或者根据评审结果拟定外聘律师事务所调整名单。

5. 法务和律师的相互配合

法务和律师是"相爱相杀"还是"无缝对接"，取决于双方的努力和妥协。

（1）法务要理解律师的职业规则。法务不要强迫律师做其无法做的"违反职业道德"或者"违反职业规则"的事情。例如，在投资项目工作中，有时候项目相对方会需要己方提供律师见证函等法律文书来证明己方的一些资质或者不存在违法情况。这个时候，法务要配合律师出具必要的底稿文件，使律师见证函的出具具备条件。举个具体的例子来说，A 公司要对 B 公司增资，由于监管部门对 B 公司的股东资质提出了两个要求，要求 A 公司必须满足净资产率低于 70%，对外长期股权投资占总资产不得高于 50% 这两个比率，并且要 A 公司的律师出具相应的法律意见书作为增资材料。

A公司的法务就请律师进行操作，律师经审查材料发现，A公司的净资产率达到了75%，对外长期股权投资占总资产的比率也达到56.3%，并不具备增资的条件，符合增资条件的法律意见书肯定无法出具，这个时候，法务不能强行要求律师出具符合增资条件的法律意见书，就如同财务无法强求审计事务所出具无保留意见的审计报告一样。A公司法务的正确做法应该是及时向公司高管汇报，通过增加公司注册资本或其他方式解决财务数据的困境。

（2）律师要保持一定的灵活性，不能僵化处理业务。笔者曾在一次法务聚会时，听到大家谈论法务最讨厌的一类律师是何种律师，大家一致认为是"没有肩膀"的那种律师，"没有肩膀"是何意？就是碰到事情仅会否定，不但是"合同杀手"还是"合法性杀手"，就是说只要和法律规定有出入，就否定其合法性，根本不管公司业务能否继续，同时没有解决问题的建设性建议。还有的律师会拒绝他们认为的非法律事务的工作，说到底还是服务精神不够。

法务和律师在工作目标和工作方式上不是总会达成共识，存在差异很正常，法务对于工作结果除了要考虑法律标准外，还要考虑公司管理层的要求，兼顾很多不同的方面。外聘律师应根据具体情况、行业背景等因素，除了指出风险外，还可以给与一些解决方案和建设性的意见。

（3）法务比较年轻，而律师比较资深，两者关系如何处理？这种情况下，法务肯定会先天性地带着崇敬的心情看待外聘律师，期望在日常工作中能够学习到一些职业技巧。这种学习的心态是没有错的，但是更重要的是不能盲从，从法务岗位的功能设置来看，本身就需要法务对律师的相关方案和意见做复核，如果法务一味地附和律师，那就失去了自己存在的价值。但是在法务比较年轻的情况

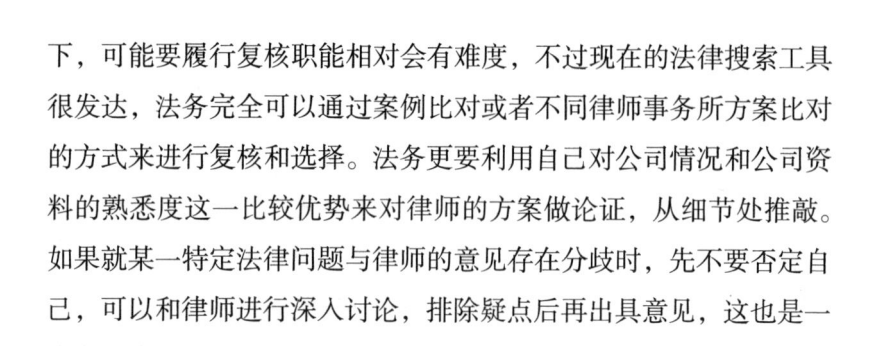

下，可能要履行复核职能相对会有难度，不过现在的法律搜索工具很发达，法务完全可以通过案例比对或者不同律师事务所方案比对的方式来进行复核和选择。法务更要利用自己对公司情况和公司资料的熟悉度这一比较优势来对律师的方案做论证，从细节处推敲。如果就某一特定法律问题与律师的意见存在分歧时，先不要否定自己，可以和律师进行深入讨论，排除疑点后再出具意见，这也是一个学习成长的机会。

作为律师始终要知道，法务再年轻也是客户，而不是律师的助理，在相处方式上要保持平等性。在具体问题的处理方面，尤其是证据情况、案件细节，建议耐心听取法务的意见。如果法务比较年轻，那么在证据配合、文书处理等工作上，交接得要更加细致，形式要求和时间要求都应该明示。如果律师自我感觉太好，不尊重年轻法务的话，那么双方的合作一定不会太好，同时律师可能会丧失未来的"大客户"。

（4）律师要保证亲自服务的时间。法务比较头痛和反感的就是知名律师或大律师来签订法律服务合同，但是却由初级律师或者助理律师来具体提供服务。这种情况下，由于初级律师或者助理律师能力不够、经验不足，往往无法有效率地解决相关问题，给法务带来了很多工作中的不方便。很多工作本来应该由律师完成，但是最终变成了法务的工作，如此一来，法务对律师就会有怨言，相互之间的合作也不会顺利和愉快。因此，资深律师一定要妥善安排给公司提供服务的律师，根据不同工作要求给予公司不同律师人选，以能够解决问题为要；资深律师自己一定要保持一定的亲自服务时间，以得到公司的认可和信任。

## 三、法务信息系统管理

随着科技不断发展和成本不断下降，公司越来越多地开始采取信息系统来进行管理，信息化建设成为公司先进管理模式的代名词，但是笔者觉得信息系统仅是公司管理的一种手段、一种方式，并不能代替公司管理本身，而且"千人一面"的信息系统并不能完全符合公司管理的要求，满足公司管理的目标。法务信息系统管理作为公司信息化的一个组成部门，更需要对应性地进行策划，以达到法务管控的预设目的。本部分将向读者介绍法务信息系统建设、时间提醒功能等实际操作问题。

（一）量身定做的法务信息管理系统

在公司信息系统中比较常见的就是办公自动化（OA）系统。如果读者将不同公司所使用的该系统进行比较就会发现，其实每个公司的办公自动化系统都有所不同，甚至存在重大差异。这是因为一个好的办公自动化系统必然是根据公司实际情况作出量身定制的，而不是用同一个模板去套用，同理也可以用于法务信息管理系统。

1. 法务信息管理系统的常见模式

法务信息管理系统一般有两种模式：其一法务信息管理系统自成体系，单独使用一套信息管理系统；其二法务信息管理系统在办公自动化等公司整体管理系统中作为一个主要模板进行设置。一般而言，第一种情况在目前的国内法务部门不太常见，第二种情况是目前的主流形式。本部分就讨论第二种情况下，法务应如何搭建一个适用的法务信息管理系统。

## 2. 建立法务信息管理系统的实际操作

（1）确定目的。从法务的角度看，就是先要设想通过信息管理系统想达到何种法务管理目的。笔者建议先把手头的工作内容做分类，将不同性质的工作设置不同的管理路径，例如，合同管理和诉讼管理就是两个不同的模块，要给这两项工作确定不一样的管理目的。

合同管理的目的可以设置为合理的合同审批流程管理、及时的合同执行管理和合同用印归档管理这三个方面。而诉讼管理的目的在于诉讼发起的权限明确、诉讼过程中的决策明确和诉讼后期法律结果的承担三个方面。对于不同模块目的的设置有的时候不能仅考虑一个部门的管理需求，合同管理中除了法务部门至少还有发起合同的业务部门、负责用印的办公室、负责归档的档案室等；而诉讼管理则涉及更多部门，如技术部门、财务部门等。所有系统管理的模块都是要放在整个公司角度的管理目的来讨论的。

（2）根据目的来完成流程的设计。信息管理系统工具基本都是采取流程化的管理方式来达到管控的目的，所以每一个模块的流程设置和节点安排都能体现管理者的用意，既要考虑管理的必要性，又要考虑管理的便捷性。

有一个笨办法，就是先把所有目前的管理制度和办法进行罗列，特别是各种表格、表单和流程图分门别类地进行归总。这个文件汇总后，就可以与系统提供商的工程师来对接，将其反映至电子流程中去。

这是一个特别重要的环节，不要认为上系统就是科技部门或者行政部门的事情，其实根本上是法务部的事情，要用得顺手、控制得当就要自己全程参与设计和实施。更重要的是，无论是科技人员还是系统产品提供商，他们和法务都存在很大的信息不对称，他们对法务管理并不熟悉，甚至还很陌生，现成的管理系统中，也没有对应的法务信息管理系统的模板，更不要说是定制个性化的法务信息管理系统了，他们无法靠一己之力来完成法务信息管理系统的建设。因此，法务首先要和科技人员以及管理系统产品提供商做充分地交底，使他们理解目前法务的管理模式、管控手段和现有流程，更重要的是要明确法务管理的目的和预期，以便在法务信息管理系统中加以体现。对于需要其他部门会签的流程设计，还要和其他模块做对接，在功能上作出对应设计。

（3）在使用中不断修正。在搭建法务信息管理系统的时候，不能想着一步到位，要考量到公司本身现有的信息化状态，如果现有的信息化建设水平较低，员工对电子化、信息化适应能力比较差，各方面信息化建设经验还不足，就不太适合一下子把信息化建设的标准拉到太高，这会给操作带来消极影响，同时单个板块的信息化程度高于其他板块的话，也不利于使用者应用和实施。

在使用过程中，要关注系统所出现的问题，及时调整、及时修补。法务管理系统相对固定后，如果碰到制度和管理办法的改变也要随之对系统的节点和授权作出变更，信息系统的建设、维护和变更不是一劳永逸的事情，需要持续调整和梳理。

很多需要在使用中进行修正的内容往往是流程性的内容和细节，特别是法务审批的程序性审批节点的合理性。例如，法务的审核节点是放在部门分管副总之前还是之后，这个细节就需要在运营中具体来放置，一刀切可能是不太合适的做法。法务审理合同的电子审批过程需要自动关联哪几个部门，可以先按照合同种类和性质来选定初步的关联部门做配套，其后可以根据实际运行后的情况再做调整和安排。

（4）示例。法务的电子系统没有一个标准版本可供借鉴，更多地需要自行设置和体现各自的特点。笔者在表3-5中展示了一个办公自动化系统中的法务模块设计方案中的合同审批的项目需求，读者可以着重查看其对流程节点的设置，并将之对比自己所在公司的相关法务管理系统实施方案，对比各有什么优劣之处。

表 3-5　法务部办公自动化项目需求

| 需求部门 | 需求项目 | 需求细节 | |
|---|---|---|---|
| 法务部 | 1.合同审批 | 1.1 | 合同审批流程和目前纸质合同审批流程的差异 |
| | | 1.2 | 需求部门合同对接法务部的合同提交流程的设置 |
| | | 1.3 | 所有合同在提交后，根据数量和合同性质，智能分流至不同法务专岗 |
| | | 1.4 | 公司架构变化时流程节点的变更 |
| | | 1.5 | 合同审批流程中每个节点对合同的修改权利和修改权利的封闭 |
| | | 1.6 | 标准版本合同的设置和审批简化流程，修改模式的特定 |
| | | 1.7 | 合同打印功能和打印授权安排 |
| | | 1.8 | 固定会签部门和自选会签人、会签部门设置 |
| | | 1.9 | 合同驳回后的重新审批和退回分层设置 |
| | | 1.10 | 合同被具体某一节点驳回后修改和重新提交的权限设置 |
| | | 1.11 | 合同审批全部流程节点签批内容和信息的保存，法务法律意见的分级登记 |
| | | 1.12 | 审批权限根据公司授权文件自动匹配审批人 |

续表

| 需求部门 | 需求项目 | 需求细节 |
|---|---|---|
| 法务部 | 1.合同审批 | 1.13 临时授权和转发的授权，固定审批人的转授权 |
| | | 1.14 合同编号的自动生成 |
| | | 1.15 归档责任人和分级查阅权限，以及调取合同原件的权限 |
| | | 1.16 合同台账电子件的生成 |
| | | 1.17 合同提醒功能，合同履约、执行和合同期限到期前按照约定时间自动提醒功能 |
| | | 1.18 合同审批过程、审批完成、执行付款、合同终结等自动提醒功能 |
| | | 1.19 手机登录移动终端审批功能 |
| | | 1.20 审批人通信工具的办公自动化检索功能 |
| | | 1.21 附件功能（必须强大，可以上传大文件）|

（二）完美时间提醒

在法务信息管理系统的建设中，除了设置法务信息管理模块的内容外，还可以放入一些提醒事项，这是法务工作中特有的设置要求。

1. 记不住的时间要求

法律本身对时效性要求特别高，而法务平时的工作内容中也有很多时间要素。工作中需要被关注的时间事项很多、很复杂，没有人可以全部靠记忆来完成，因此，建议在公司信息化建设时在法务信息管理系统中打造一个时间提示的功能，能够按照工作时间要求进行系统提示。例如，可以将诉讼过程中可能需要发生的权利实行时间都予以自动登记、录入和提示，到了特定时间点系统将具体提示工作事项、内容和时间安排,用科技来完成人力无法完成的细节处理。

2. 时间提醒案例

笔者用表 3-6 来列示一部分法务工作中会遇到的时间事项和设置思路。

表 3-6 时间提醒表格

| 事项 | | 时间要求 | 依据 |
| --- | --- | --- | --- |
| 公司运营事项 | 召开董事会 | 提前通知时间 | 《公司法》和公司章程 |
| | 召开监事会 | | |
| | 召开股东会/股东大会 | | |
| | 股东提出议案 | 提前提出临时议案的时间 | 《公司法》和公司章程 |
| | 股东出资 | 出资时间、认缴时间 | 《公司法》和公司章程 |
| | 董事、监事、高级管理人员任职 | 任期 | 公司章程 |
| | 股份持有 | 发起人和董事、监事、高级管理人员持股期、禁售期 | 《公司法》和公司章程 |
| | 股权转让 | 优先购买权通知 | 《公司法》和公司章程 |
| | 公司合并、分立和减资 | 通知、公告时间 | 《公司法》和公司章程 |
| | …… | …… | …… |
| 诉讼、仲裁类 | 起诉、上诉 | 诉讼时效、上诉期 | 相关法律 |
| | 执行 | 执行期限 | 相关法律 |

续表

| 事项 | | 时间要求 | 依据 |
|---|---|---|---|
| 合同类 | 合同义务 | 付款时间、交货时间等 | 各合同 |
| | 争议 | 异议时间等 | 各合同 |
| | 质量条款 | 保质期 | 各合同 |
| | …… | …… | …… |
| 知识产权 | 商标 | 续展时间 | 商标证 |
| | 著作权 | 许可时间 | 许可合同 |
| | 专利 | 许可时间 | 许可合同 |

（三）信息管理系统的题外话

以下的内容和法务信息管理系统其实没有对应性，算是一个题外话，笔者要提醒读者的是，虽然QQ和微信是十分便捷的聊天工具，但是笔者还是不建议将平时工作中的文件资料通过QQ和微信等公共聊天工具来传输，或者在微信群里聊具体的工作和事务，特别是具有保密性质的事项。因为在这些外部工具上进行聊天的所有记录和所有的文件资料都会留在外部的服务器上，不利于保密，但是却有利于他人取证。然而，在工作效率越来越高的今天，邮件等工具由于无法同时具有通话、聊天等功能，越来越无法适应高节奏的工作场景，所以不用QQ和微信的现实弊端就是会影响工作效率，员工体验也不便捷。这个矛盾怎么"破"？其实可以在公司信息管理系统开发时建立一个内部的类似于微信和QQ的工具，专门用于公司内部的工作沟通和安排，苏宁集团就有这样一个工具，叫苏宁豆芽，其功能主要有手机电脑信息互通、文件传输、讨论组、信息同步和日志等。

## 四、法务制度管理

法务管理制度和流程管理文件是法务工作的基石和准绳。如果公司把制定法务管理制度和流程管理文件的重要权利交由法务来行使，诸位法务一定要抓住机会，为自己的工作创造便利，为自己的价值实现提供基础。完整的法律管理制度，一般包括一个整体的法律顾问制度和数个专项的法律工作制度，前者是用来建立公司的一个内部法律顾问制度，对法务的工作职能内容进行界定，对法务的任职条件提出要求，对法务的权责进行确定，总之是一项"总体大法"。后者是针对每一项特定事项的专门制度，一般包括诉讼管理制度、合同管理制度、合规管理制度、外聘律师管理制度等。

### （一）如何避免制定"花瓶式"的法务管理制度

读者可以在网络上搜索到各种各样的法务管理制度和流程管理文件，笔者发现，大家虽然思想上都知道法律管理制度和流程管理文件很重要，但是真实生活中却逃不过命运"三部曲"：制定时网上搜搜、通过时会上读读、发布后束之高阁。这种制度是毫无价值、毫无生命力的"花瓶"管理制度，更重要的是这种制度因为缺少可执行力，而无法在实际工作中加以实施。我们以法务部总体性的管理制度——《法务部管理办法》为例，来分析"花瓶式"管理制度的特点，找出避免制定"花瓶式"管理制度的解决方案。

1. 避免制度结构逻辑不清

"花瓶式"管理制度往往本身的架构不清晰，不能体现制度本身的逻辑性。在制定《法务部管理办法》的时候，逻辑性要强，使制度的使用者一目了然该制度的整体逻辑。例如，可以按照如下结构：管理办法制定目的、法务部工作职能、法务部设置或者组织架构、法务部的人事管理、法务人员基本工作权利和义务、法务人员考核和奖惩措施。

2. 避免条款笼统、不具有可操作性

"花瓶式"管理制度经常会出现"为规范集团法务工作管理，根据集团现有组织架构状况，并结合现代集团企业规范化管理的一般要求，制定本制度"的表述，其实，法务部管理制度的目的在于规范法务人员工作中的行为，成为管理规则和行为指南，因此其内容中应该书写得更加有执行力和更加具体。

3. 避免出现核心内容不精确

不同的制度要体现该项制度所需要调整和规范的主要内容。还是以《法务部管理办法》为例，该办法要对法务部的管理定位明确化、管理原则清晰化，要细化落实法务部的职责定位。法务部设立的目的和原则必须明确清晰，不建议用"集中决策，统一规划，分层管理，有效控制"类似的模糊性语言表达。建议把法务部的职责功能设置为"公司法律风险的事前预防和预警；公司法律风险的事中控制和风险排除；公司法律风险的事后处置和消除"；还可以根据工作内容增加"公司合规""公司内部审计"等。

4. 避免出现核心职能与实际不符，无法适用的情况

（1）法律业务工作内容实例。《法务部管理办法》对法务部的具体职能做描述，应避免出现描述不清楚、内容不明确和不完整的情况。一般而言，法务部的职能要完整包括法律业务工作内容和法务部管理工作内容。例如，法律业务工作内容可以包括"法务风险

预防工作,防范公司项目运营风险、防范公司整体经营法律风险;设立分业务的法律风险防范和预警制度;负责公司经营的合规风险控制,负责内控法律体系"。还可以用列举的方式来突出法律业务的具体工作内容:①制定、修订和完善公司各项管理制度,对下属公司制定、修订和完善公司管理制度作出指导;②负责合同审核、管理,制作标准合同版本;③协调、监督部门合同签订、履行、归档管理情况;④招投标项目、采购项目的审核监督;⑤参与投资项目谈判,审核法律文件;⑥负责商务纠纷的谈判处理,负责仲裁、诉讼,负责纠纷调解;⑦负责公司生产、经营、管理等各方面的法律建议和风险提示;⑧负责公司工商工作,包括公司设立、变更、注销等事务(不包括荣誉评选);⑨负责知识产权工作,即商标、专利和商业秘密保护、知识产权保护等有关法律事务(不包括荣誉评选);⑩负责公司普法和法律培训工作;⑪负责海关法律事务;⑫负责行政处罚、复议和诉讼等工作;⑬公司公章、合同专用章、项目专用章等用印审核;⑭董事会和总裁办指派的其他法律事务。

(2)法务部管理工作内容实例。管理工作内容可以包括:拟订、建立、检查和改善法务组织架构、相关政策、标准与流程等;建立公司外聘律师聘用制度、评价外聘律师的法律服务;建立对下属公司的法务管理工作制度、业务指导制度和考评制度;负责对下属公司的法律工作、合规工作的监督和检查。

5. 避免遗漏主要内容

建议《法务部管理办法》把法务部设置、组织架构、人员隶属、人员基本岗位要求、奖惩措施等,并予以规范。

法务部可以根据公司经营中对法律的需求来进行设置,主要讲清楚法务部门的管理模式和法务部门的组织架构安排，法务部的上级汇报部门、法务部与其他部门的平行关系；还包括法务部内部的架构，法务部内部由谁负责、法务部内部设置多少层级和专业岗位等。对于法务岗位职责要明确，例如，法务部负责人的职责为全面负责公司的法律事务，组织拟定并实施法务管理制度等。对于合同法务专员、诉讼法务专员等也要作出职责设计。法务人员的管理和考核归口、法务人员的考核指标制定原则、工作奖励和惩戒等事项也建议一并作出规定。

（二）如何制定实用的案件和合同管理制度

法务部除了一个基本的《法务部管理办法》之外，还需要根据一些专项的业务管理制度，来规范专门性的工作，比较常见的有《案件管理办法》和《合同管理制度》，本部分以这两个制度为例来进行分析。

1. 专项管理制度的制定初衷

专项管理制度和合同的初衷一样都是为解决权利和义务的约定问题：无非解决由谁来授权、被授权人如何行权、由谁来监督被授权人以及奖惩措施这四个问题。法务的专项管理制度是为了界定专项工作中法务人员的定位、明确法务人员的工作范围和工作职责，以及明确具体工作的流程。

2. 案件管理制度的拟定要点

（1）流程管理。案件管理制度中常见的流程性管理包括以下几个部分：

①案件决策流程：作为原告提起诉讼要履行哪些公司内部程序、作为被告应诉应该履行哪些公司内部程序；上诉、抗诉、申请

再审的案件应该履行哪些公司内部程序；调解应履行哪些公司内容流程；哪些案件需要经过董事会审批；哪些案件需要经过股东大会审批；案件按照何种程序对外披露等。

②案件办理流程：代理人的确定，外聘律师的选择，诉状等材料的提交，判决书等材料的下达，案件结果预测和纠纷解决方案利弊，费用预计，执行代理等。

③案件后流程：档案管理，法律意见书出具，奖励惩罚措施等。

（2）不同部门权责约定。案件管理制度中建议约定具体案件中的责任部门、责任岗位、配合部门、配合岗位的不同权力职责。例如，可以约定案件承办人为法务部门，案件决策人为董事会或股东大会等。

（3）简明易读的案件审批表。建议在案件管理办法的附件中加一个案件审批表，用来做审批流转，表3-7为笔者自行拟定的，供读者参考。

表 3-7　案件审批表

| | |
|---|---|
| 案件当事人公司及其在案件中的地位 | |
| 对方当事人 | |
| 案件类型 | |
| 所在法院（仲裁庭）及办案人员 | |
| 案件主要情况（须包含案件费用情况） | |
| 案件复杂程度 | |
| 内部配合部门 | |

续表

| | |
|---|---|
| 备用金申请金额 | |
| 是否需要外聘律师（外聘律师情况、律师费用情况） | |
| 案件当事人公司法务部/法务专员意见 | |
| 公司法律部意见 | |
| 公司董事会决策事项内容 | |
| 公司董事会意见 | |
| 公司董事长签字 | |
| 备注 | |

年　月　日

3. 合同管理制度的拟定要点

合同管理制度应根据本公司情况，制定最能执行、最适合公司实际、最可以达到管控目的的制度。和案件管理制度一样，同样可以从流程管理和管理内容出发。

（1）流程管理。对于合同管理制度中的流程管理，应该从实际的工作和需求流程出发，基本包括以下环节：合同的拟定—合同的审查—合同的签订—合同的报备和披露—合同的履行—合同的变更—合同的解除—合同的终止—合同的归档。

（2）权责约定。合同最后的落定是所有部门协同的结果，部门间的权责约定也是合同管理制度的重要内容；在实务中一般包括如下几个方面：业务部门负责交易背景的尽职调查；法务部门负责合同的法律审查；财务部门负责合同收益预期审查；业务部门负责合同变更、履行等流程；行政部门负责合同的行政备案、披露等。

（3）清晰的合同流程。用文字表达制度，其可读性和可理解性都不是很强，非法律专业人士往往需要很长时间才能搞清楚，而规章制度需要公司非法律部门的人阅读。因此，建议法务用图表将文字性的制度进行解读，让公司其他员工可以一目了然，如图3-7所示，供读者参考。

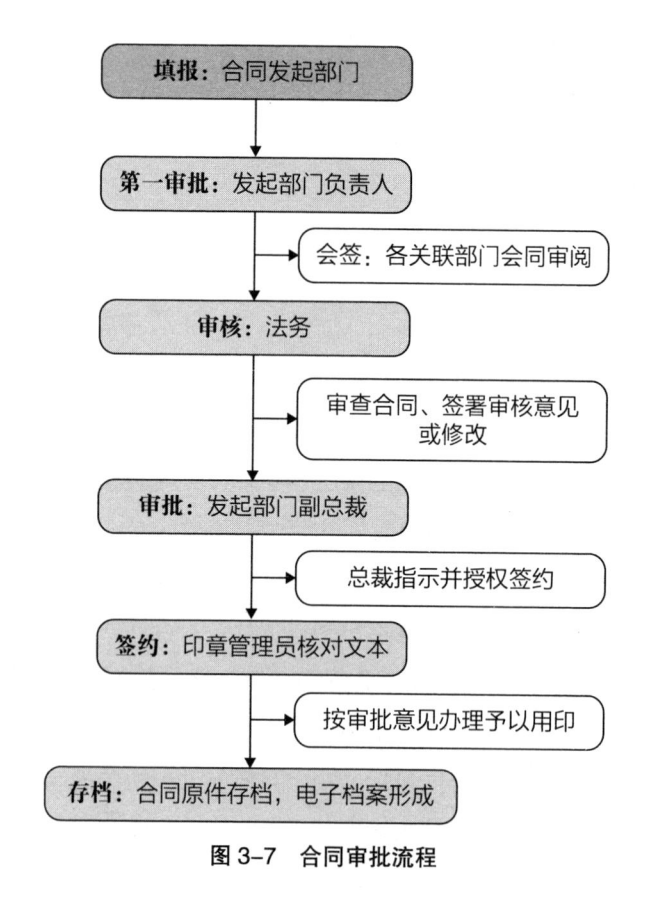

```
填报：合同发起部门
        ↓
第一审批：发起部门负责人
        →  会签：各关联部门会同审阅
        ↓
审核：法务
        →  审查合同、签署审核意见或修改
        ↓
审批：发起部门副总裁
        →  总裁指示并授权签约
        ↓
签约：印章管理员核对文本
        →  按审批意见办理予以用印
        ↓
存档：合同原件存档，电子档案形成
```

**图3-7　合同审批流程**

## （三）专门性管理制度案例

法务部是起草公司管理制度的主要责任部门，公司管理制度包括很多与法务部门管理无关的其他专门性管理制度，本部分以比较常见的董事监事履职制度为例来介绍制定思路和方法论。

1. 董事监事履职背景

一家公司之所以要建立"董事监事履职制度"，是因为这家公司持有了其他多家公司的股权，并且根据股东之间的约定向被投资公司推荐或委派了董事和监事，需要规范董事和监事在被投资公司中履行董事和监事职务的行为。

（1）财务投资的背景下。股东的持股比很小，不是控股股东或主要股东，此种背景下，股东并不实际经营被投资公司，而是推荐或委派董事和监事，通过其参加董事会和监事会来行使权力。这些董事和监事一般并不在被投资公司担任具体的经营管理职务。

（2）财务投资的例外。有一种例外情况就是虽然 A 股东是 C 公司出资最多、持股最多的股东，B 股东仅是小股东、非控股股东，但是因为 B 股东实际是 C 公司的创始人、主要的技术团队或者实际的运营管理团队，那么在这种情况下，A 公司也完全可能仅是财务投资人，并不参与日常的经营管理。反映在董事会组成上就可能是 A 公司和 B 公司一致同意在 C 公司的董事会设置三个席位，A 公司可以推荐一名董事，B 公司可以推荐两名董事，董事长由 B 公司推选人选。

（3）非财务投资。非财务投资，一般是指股东不但控股而且还参与实际运营。即 A 公司不但持有 C 公司大部分的股权，还参与 C 公司实际的经营管理，这种状态下，董事长人选和董事会成员的安排，按照上述案例的设置，A公司可以推荐两名董事，B公司可以推荐一名董事，董事长由A公司推选人选。

无论何种情况，A公司和B公司都需通过董事和监事在董事会和监事会上的表态来实际行使股东的权利，同时在股东会或股东大会上，股东往往委托自己推选或委派的董事和监事作为股东代表参加会议，进行表决。在股东不是法人或非法人组织，而是个人的时候，很可能股东个人就直接担任了董事或者监事的职务，但是也有可能股东个人请其他个人担任董事和监事的职务。

2. 董事监事履职管理制度所调整的权责

董事监事在履行其董事监事职务的时候，其实有两层关系需要调整，我们还是以上述案例为例来分析，第一层关系，A公司推选或委派的董事和监事如何取得A公司关于C公司的表决事项的意见；第二层关系，A公司推选或委派的董事和监事按照C公司的会议表决程序来发表意见。

（1）对表决事项的决策。被A公司推选或委派到C公司的董事和监事就C公司的表决事项所发表的，并不是其个人的意见，而是代表A公司来发表A公司的意见，所以首先要在A公司内部，通过一定的流程，取得A公司就C公司股东会（或股东大会）、董事会和监事会议案的表决内容。

（2）表决事项在股东公司的部门配合。而C公司的股东会（或股东大会）、董事会和监事会议案可能会涉及很多内容，A公司内部需要听取各个部门的意见才能由A公司股东会或董事会来作出一个确定的表态。例如，C公司的董事会议案中有一项是C公司要投资一家D公司的议案，那么对于这个议案的讨论就可能需要A公司的财务部、法务部和投资部一起出具相关意见后，报A公司董事会综合考虑后出具议案的表决意见。再如，作出的 C 公司董事会议案中有一项是向 C 公司股东之一 B 公司借款并提供机器设备等进行抵押的议案，那么对于这个议案的讨论就可能需要 A 公司的财务部、法务部和资产部一起出具相关意见后，再报 A 公司董事会综合考虑后出具议案的表决意见。

3. 董事监事履职管理制度的核心内容

（1）对董事监事的任职资格作出规定。董事监事的资格要求可以分为品德要求和业务要求等。

①品德要求。品德要求可以表述为："委派董事、监事须满足下列政治任职条件：认真贯彻执行党的路线方针政策，严格遵守国家法律、法规和公司章程"；"诚实守信，忠实履行职责，维护公司利益，具有高度责任感和敬业精神"；"能依法维护集团权益，坚持原则，廉洁自律，忠于职守"。

②业务要求。关于业务要求可以表述为："熟悉《公司法》以及相关法律，并掌握现代企业制度的运作方式和原则，同时具有一定的政策水平"；"熟悉经营管理和所担任董事监事公司的有关业务，具备所任职务的相应专业知识，在公司中层以上或相关管理岗位上任职满两年以上"。对于特殊行业的子公司在进行董事监事选拔的时候还要按照行业对董事监事的要求来选择，例如，银行等金融行业就对董事监事有着一定的资格要求。

③负面清单。董事监事的任职条件往往无法用列举的方式进行穷尽，此时就可以用"负面清单"的方式来作出例外的表述。例如，"有下列情形之一的，不得担任董事、监事：1. 凡有《公司法》第 147 条规定不得担任公司的董事、监事情形的人员；2. 与担任董事监事的公司存在关联关系，存在妨碍其独立履行职责情形的人

员；3.因涉嫌触犯《刑法》被司法机关立案调查，尚未结案者或受过严重行政处罚的；4.已经担任公司5家下属公司董事监事职务的；5.已担任与拟担任董事监事职务的公司有竞争关系公司董事监事或高级管理人或财务负责人的；6.公司董事会认为不宜担任委派董事、监事的其他情形"。

（2）董事监事的具体职权和义务。虽然《公司法》上有对董事监事职权义务作出规定，但是公司仍可以在《公司法》的基础上作出细化。

①忠诚义务。首要的就是按照公司意志进行表决，"在下属公司股东会、董事会和监事会上忠实地按照公司对于下属公司所作出的股东会、董事会和监事会决议内容表决"。

②亲自履职义务。应亲自出席下属公司董事会、监事会，在行使职权过程中，以本公司利益最大化和维护下属公司长远发展为原则。

③报告监督义务。在下属公司发生异常经营情况以及发现损害本公司利益的行为时，依法向本公司报告并依职权采取措施；主动积极获取下属公司的经营分析报告、财务报告、商业预测、盈利预测等相关资料，主动通过会谈等方式了解下属公司审查经营情况；主动积极对下属公司的战略发展、经营方案和投资计划提出建议；主动积极对公司与下属公司之间的投资、增资等事宜提出建议，主动积极对下属公司高管人员人选提出建议。

④禁止性义务。除经本公司同意或下属公司股东会的批准，不得与下属公司订立合同或者进行交易；不得利用内幕信息为自己或他人谋取利益；不得接受下属公司超过500元的财物；不得参加下属公司安排、组织或者支付费用的人均200元以上的宴请、人

均200元以上的娱乐活动、人均500元以上的旅游、商务访问等活动；不得在下属公司中为自己、亲友或者其他人谋取私利；不得在下属公司领取报酬和其他实物性福利；不得在下属公司报销与履行职责无关的各种费用。对于同业竞争的禁止也要强调，不得自营或者为他人经营与下属公司相同的业务，不得从事损害本公司利益的活动。

⑤保密义务。董事监事在任职期间内及离职后，对下属公司的商业秘密均负有保密义务。

⑥赔偿义务。在职权和义务一章中可以对失职董事监事应承担的责任进行约定，即任职尚未结束的董事监事，如因其擅自离职而使下属公司或本公司遭受损失的，应当承担赔偿责任；下属公司如因违反法律法规致使本公司利益受损的，参与决策的董事应向本公司承担赔偿责任，但提出异议并记录在会议记录中的，可免除责任。

（3）董事监事行使表决权的相关程序规定。董事监事行使表决权应履行以下程序：

①及时提请决策。董事监事在收到下属公司召开股东会、董事会、监事会会议通知时应及时检查会议资料是否齐全，如齐全应在一定时间内向公司汇报，以便公司作出表决意见。特别对于如下事项，要由公司董事会进行讨论后慎重决策：下属公司增加或减少注册资本；发行股票、债券；审议利润分配方案和弥补亏损方案；审议重大产权、资产变动情况、对外投资、对外担保、委托理财等事项；审议公司聘任、罢免总经理等高管人员并决定其报酬事项；下属公司收购或出售资产；下属公司资产或债务重组；下属公司前五大股东股权转让；下属公司发生合并或分立；下属公司变更公司形

式或进行公司清算解散等事项;下属公司修改公司章程的;下属公司董事会发生一半以上人员变动的。

②正确表决。在股东公司形成一致的决策意见后,董事监事必须依据股东公司审批后的决策意见行使表决权,不得擅自改变表决内容。

③会后汇报。董事监事通过会议履职后要在董事监事工作手册中对会议的重要事项做好记录。同时,应该在会议后十个工作日内,负责安排将会议讨论内容和决策的重要事项向公司汇报,并填写提交董(监)事会议反馈表、会议相关资料至公司对口管理部门。

(4)管理和奖惩规定。公司可以设置以下管理和奖惩规定:

①任期届满时的考评。当依据下属公司章程的规定董事监事任期届满时,公司对董事监事进行任职考评,原董事监事经考评合格可以连选连任并给予职务补助;如公司经考评认为董事监事不能胜任的,由公司作出撤销其董事监事职务的推荐函,并重新作出推荐。

②董事监事变动的管理。当董事监事本人提出辞呈或工作调动,或到退休年龄,或身体出现问题无法履职的,公司根据具体情况决定其董事监事职务的变动。但在未作出决定前,董事监事必须继续履行其职责。

③董事监事年度和任期考核。公司人事部按照公司董事会的要求负责实施对董事监事的年度和任期考核,如有重大事项或特殊事项,还应进行专项考核。考核业绩占个人绩效考核20%,如考核优异,公司董事会将给予激励。考核内容包括董事监事履职过程中是否提出有建设性的工作思路、方案、措施;相关会议记录及资料是否完整、是否按照移交规定完成移交;是否廉洁自律;

是否能够勤勉尽责。对属于考核不称职的行为可以列举如下，负面清单：严重失职、渎职的行为，违反《公司法》所列的勤勉忠诚义务的情节严重的行为，利用担任董事监事职务收取超额利益的行为。

（5）高效的附则。可以设计一些上述制度的附件，例如，董事监事履职工作流程，如图3-8所示，责任董事监事年度、半年度履职备案表，如表3-8所示，以明确董事监事需要履行的相关程序性规定。

①董事监事履职工作流程可以帮助直观地明确履职流程。

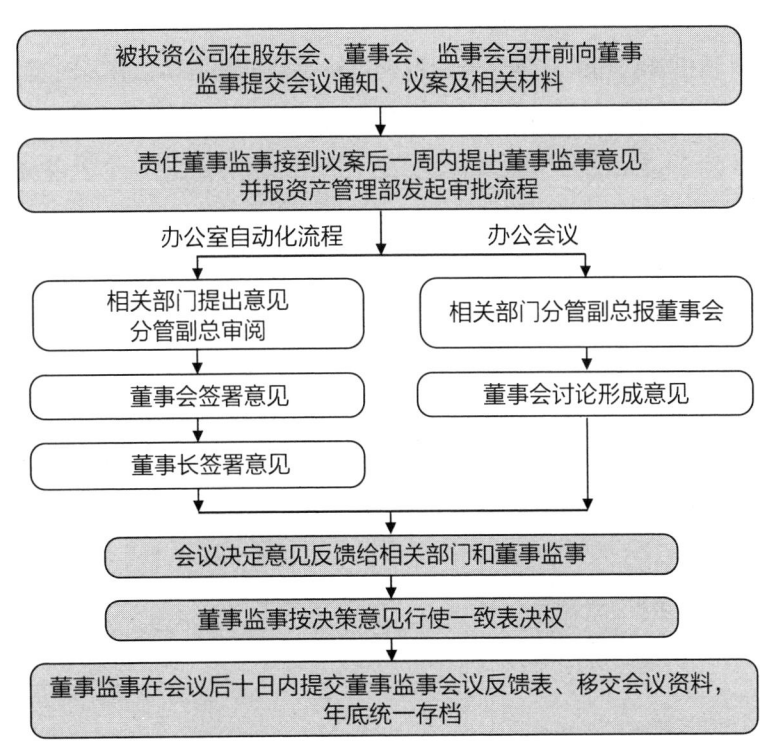

```
被投资公司在股东会、董事会、监事会召开前向董事
监事提交会议通知、议案及相关材料
            ↓
责任董事监事接到议案后一周内提出董事监事意见
并报资产管理部发起审批流程
    ↓办公室自动化流程      ↓办公会议
相关部门提出意见          相关部门分管副总报董事会
分管副总审阅
    ↓                      ↓
董事会签署意见            董事会讨论形成意见
    ↓
董事长签署意见
            ↓
会议决定意见反馈给相关部门和董事监事
            ↓
董事监事按决策意见行使一致表决权
            ↓
董事监事在会议后十日内提交董事监事会议反馈表、移交会议资料，
年底统一存档
```

图3-8 董事监事履职工作流程

②董事监事年度、半年度履职备案表可以帮助不担任被投资公司内部职务的董事监事履职。不担任内部工作职务的董事监事对公司的了解和把握可能就会仅停留在参加会议的层面，但是仅是一年的几次会议（甚至一年只有两次会议），根本无法掌握被投资公司的实际情况，这一部分董事或监事所代表的股东对于被投资公司的掌控肯定是不足的，所获知的消息肯定也是比较滞后的。所以图 3-8 实际是要求董事和监事必须要在股东大会（股东会）、董事会和监事会之外加强对被投资公司的执行三会决议的情况、日常经营情况和关键业务指标的关注和分析，并形成观察报告和合理化建议。事实上，也只有长期保持对被投资公司的关注、分析和评价才能对被投资公司的基本经营情况获得一手数据和资料，并及时察觉经营问题和风险，并形成行使股东权利的基础和依据。

表 3-8　董事监事年度、半年度履职备案表

年　月　日

| 下属公司 | | |
|---|---|---|
| 董事监事姓名 | | |
| 下属公司执行董事会、监事会决议情况 | 1 | |
| | 2 | |
| 下属公司的法律风险 | 1 | |
| | 2 | |
| 下属公司生产经营管理中存在的问题 | 1 | |
| | 2 | |
| 对下属公司的工作建议 | 1 | |
| | 2 | |

（6）一些说明。

①责任董事和一般董事的区分管理。何为"责任董事""责任监事"，如果公司推荐到下属公司的董事和监事有两名或两名以上，那么相当于派驻了一个"董事监事小组"，这个小组需要有一个小组长，这个小组长其实就是"责任董事"或"责任监事"。在对下属公司履行董事、监事权利义务和代表行使公司股东权利义务的时候，并不需要所有的董事和监事各自履行，可以由这个小组长即责任董事或者责任监事来履行。在公司内部履行董事、监事决议意见审批流程时，也不需要所有董事、监事都各自发起内部审批流程，而由小组长来履行即可，这样做主要是为了提高内部和外部的相关流程效率。一般而言，被选举为董事长和监事长的董事和监事是"董事监事小组"的小组长。

②一名董事和监事同时兼任多家公司董事监事职务的情况。例如，上市公司要保持其人员的独立性，上市公司董事长原则上不应由股东单位的法定代表人兼任；上市公司董事长、副董事长、经理、副经理、财务负责人、董事会秘书，不得在股东单位担任除董事、监事以外的其他职务，也不得在股东单位领取薪水；上市公司的财务人员也不能在关联公司兼职。法务人员要系统地对董事、监事任职情况做梳理，对于违反相关规定的，建议决策者作出调整安排。

# 第四章　玉汝于成：全面提升各项能力

职业选择和职场技能提升方法论课程目前尚未成为普遍课程，而法务人员进入职场后，基于种种原因，一般不会有专门的老师引领，而同事多忙于自己的工作也无法给予新人指导和帮助。笔者遇到很多年轻法务都处于"野蛮生长"状态，凭着一腔热情工作，个人综合能力的提升无法得到系统地指导，对于个人成长的途径很难客观地分析评价。笔者自己也走过这样一段跌跌撞撞、摸索前进的路程，所以在此笔者从法务的日常工作角度出发分析一下法务个人成长的经验和路径，希望抛砖引玉，能给年轻法务一点启示。

## 一、专业远不止法律

### （一）法务对工作要"长情"

#### 1. 保持热情

法务贵在保持对工作的热情，一般而言，法务的工作量都会比较大；同时法务在工作环境中接触的人比较多，和公司各个部门都有工作联系；法务面临的问题并不会都是单纯的法律问题。于是，法务通常一上班就会陷入繁忙、琐碎的工作状态，电话响个不停、催着合同审批的人一波一波上门。面对这种工作生存状态，除了要建立合理的工作计划和工作流程外，从内心而言需要建立对工作的持续热情，从心理上保持对工作感受的良性循环。

#### 2. 建立行为标准

持续热情并不仅是一种内心状态，更要化为行动标准，例如，法务要自己建立完整的工作时间表，每一个案件、每一个项目和每一个周期较长的交易都要详细记录每个时间节点发生的重要事项和内容；提交和收到的所有材料都要按照时间列明清单、扫描备份；一个案件或项目完成后要记录整理工作心得，将关键要点和法律焦点予以记录，通过文字梳理厘清逻辑关系，增强对法律焦点、法律适用的理解。

#### 3. 保持关注度

很多时候法务对工作的持续专注度才是制胜克敌的法宝，有时候项目和案件会遇到瓶颈期或暂停期，也许公司其他人都可以暂时忘记这项工作，但是法务一定要持续关注进展，做好可能的应对方案，这样才能游刃有余。无论其他人是否记得这个案件、这个项目、这个合同,法务都要惦记、都要跟进、都要在合适时点作出反馈。

案件周期比较长的最典型的例子就是破产案件,笔者曾经遇到一个真实的案例,某公司是一家破产公司的债权人,在破产公司还没有正式进入破产程序时,该公司就授权其一名法务介入该项工作。该名法务人员从催讨欠款开始,几乎每两周就会去该破产公司跑一次,半年跑下来,该法务对该公司情况较为清楚,对其破产前财务状况有了充分了解,预见其进入破产程序的可能性十分大,同时也了解到该公司虽然会进入破产,但是由于其产品和业务仍有市场,其品牌和公司仍有价值,所以判断该公司被重整的可能性也较大。于是,该法务向公司高管做了详细汇报,在破产前并未用传统的诉讼手段来主张欠款,而是通过上门催讨等方式要回了部分款项。一般的法务人员可能工作到这里就已经准备结案,无法要到的款项,可能就会通知财务走坏账核销程序,但是该法务并没有停止工作,而是接着与该破产公司进行持续沟通,对于该公司何时进入破产程序,管理人小组的搭建等问题很清楚。这些信息极大便利了在该公司正式进入破产后,该法务的债权申报等工作,同时该破产公司进入重整后,又恢复了生产经营,当法务所在公司讨论是否要承接该破产公司抛出的大额订单时,该法务对破产公司真实情况的了解极大地帮助了公司高管的决策。并且该法务还看到了破产重整的机会,及时向公司高管汇报重组该破产公司的契机,同时提供了有关该破产公司的债权债务、资产负债等信息,使公司能够进行较科学的决策。最后该公司的控股股东对破产公司提出了破产重整计划,该法务又协助控股股东进行了重整的相关工作。

4. 定期回顾总结

法务对工作的长情还体现在对成功案例、失败案例的回顾方面，法务的工作年限不单是时间的长短，更重要的是体现长时间的经验积累和沉淀。所以一项工作完成后，一定不能就"抛诸脑后"，而应该多回顾、多总结，在碰到类似案件和工作时，时不时地拿出来比较、分析和参考。就像对"初恋情人"一样，"工作虐你千万遍，你仍待工作如初恋"，要学会时不时把"美好的回忆"拿出来"咀嚼一番"，这样经验和技巧才会更深刻、更立体，不断和新情况对比分析，能使经验和技巧更全面、更充实。久而久之，量的积累才会发生质的飞跃，法务的个人能力才会有大幅提高。

（二）法务对工作要"软硬适中"

法务对工作要保持独立性、客观性，即理性地看待问题，但是理性并不是固执、墨守成规，还是需要有一定的灵活性。

1. 分层给出法律意见

法务和律师相比，所处的环境是完全不同的。作为法务而言对于所处公司的人际关系要明白清楚，但是发表法律意见的时候不要为这些关系羁绊，坚持从法律原则出发。同时，在发表意见时也不能眉毛胡子一把抓，法律提示并不是越多越好，而是要说在点子上。

对于踩红线的部分要严正提出否定意见，对于非原则性但是可能会产生损失的问题要进行提示，对于文字，如果表达意思够明确，则尽量不要做太多修改。法务在提出法律建议时，不要单纯提出反对或者否定意见，更应该提出替代性的解决办法。替代解决办法的提出需要法务对法律规定和监管规则十分了解，并通过交易架构、运营模式和关键条款等的改变来排除业务中的重大法律瑕疵和合规风险。

2. 柔性处理具体问题

（1）事前沟通的重要性。法务意见出台前，法务人员一定要提前和业务人员充分沟通，对于背景情况做详细地了解，这一阶段要注意的是，了解背景情况不能仅听业务人员口述，一定要结合书面材料来判断，对于书面材料和口述不一致的地方建议让业务人员审批流程中书面备注原因。

笔者曾经在一个投资项目中遇到这样的情况：投资部同事未核对对方提供的信息，导致最后项目无法进行。公司准备和一个技术团队共同组建一个新的科技型公司，此项目的关键点在于技术团队持有多项领先技术，技术团队原以技术出资到新公司。投资部门的同事在与技术团队接触后告诉法务说，该技术团队拥有 89 项某一方面的先进专利，市场作价 5000 万元。法务提出要对上述专利进行核对，投资部同事表示同意并至对方实验室查看了专利材料，但并未让法务参与，其后反馈给法务说已经核对专利材料，的确是 89 项专利无误。法务按照投资部的反馈起草了相关出资合同和新公司章程，但是在验资的时候，却发现事实与投资部同事讲的相差甚远，有的专利已经过期，有个专利权利人根本不是技术团队的人，还有一项职务发明，归某一个技术人员以前所在的学校所有，更多的专利在市场价值审核中，总之该技术团队的专利根本没有那么高的市场作价。出了这么多的状况，出资合同自然无法履行，投资项目也只能搁浅，但是解除出资合同的费用如何承担却带来了争议。

（2）行业惯例的法律化。对于业务中涉及商业习惯和交易习惯的部分，法务人员要善于向业务人员咨询，同时要对这些习惯做法作出法律上的判断。对于行业习惯性用语要在合同中加以释明，例如，证券公司常说的"折价发行"，这就不是法律术语，应该在合同中明确"折价发行"是指低于面额发行。除了交易背景外，更需要明确了解业务部门所想达成的目的，有些合同等材料是业务人员为了达到商业目的而起草后提交法务的，会存在书面语言和实际目的有差异、不完整甚至交易路径本身存在问题等情况。有些业务部门的人员由于业务能力不高或者信息不对称而给法务提供了错误的信息。在这个时候法务要找对人、问对事情，然后根据问题的轻重缓急提出建议，建议本身要有可操作性，而不是纸上谈兵的学理性方案。

对于原则性和灵活性的把握不是与生俱来的，这是一种需要经过很多次练习，仔细琢磨体会而形成的经验和能力，能力增加无法一蹴而就，但是对法务自身定位和工作原则一定要事先树立，也要有意识地反复训练自己在具体事务上原则性和灵活性分寸的把握。

（三）法务对工作要"细致入微"

法务工作成果的质量高低很大程度上取决于法务人员的细致程度，而工作的细致程度体现在深入、完整地处理任务本身和全面地记录工作台账和归档两个方面。

1. 功夫在"诗外"

（1）合同审核的事前事后工作。法务处理日常工作时一定要多问为什么，例如，日常合同审核工作，绝不是单纯把合同看一遍就算完成了，除了要完成上文所说的背景情况核对工作和合同内容的审核外，还要对合同具体在执行过程中对所在公司的约束和执行要点进行提示。例如，建设工程合同，往往会出现在一定时间内不反馈即导致权利放弃的默示条款，对于这些条款，如果从业务角度是只能接受的条款,那法务就要提示在合同履行过程中由专人负责对照执行。

（2）案件的庭外工作。诉讼或仲裁案件中哪怕聘请了外部律师,法务也要对基础文件进行梳理,建议将重要法律行为根据时间节点整理成"关键事件时间表",将繁杂的客观事实通过表格列示,并从中找出争议焦点和相关依据。在案件处理过程中的起诉、开庭、和解、判决、上诉、执行等关键诉讼行为也要列表明示,除了有助于理清时间脉络、查看诉讼程序的合法性,还可以帮助整理思路。

在处理周期很长的涉外法律事务时,每一次调解、每一次开庭、每一次和境外律师沟通的邮件都要进行列表整理,体现时间节点和主要内容。

笔者就经历过一次境外集体诉讼的调解过程,历时两年半,一共举行调解会议8次,更换了3名调解主持人,调解方案变更了15版。笔者从一开始就做了完整的工作日志,如表4-1所示,日志把案件背景、各方诉求、每次调解各方提出的方案、各方的差异等都做了详细记录。在内部汇报时笔者仅凭该表格就可以把事情进展讲得清清楚楚,在外部协商时,只要对照表格马上就可以比较对方有无作出实质性的让步。如果不做这些细致的整理工作,笔者早就被淹没在邮件和会议中,无法作出正确反应了。

表4-1　工作日志

| 时间 | 事件 | 主要沟通内容 | 调解方案 | 差异 | 汇报要点 | 董事会决策要点 |
|---|---|---|---|---|---|---|
|  |  |  |  |  |  |  |

## 2. 事务型工作一样有收获

要强调的是，法务一定要做好工作台账和归档工作。很多法务都认为记录工作台账和归档是无意义的事情而且浪费时间。其实，工作台账和归档是法务绩效考核的基础，是法务部人力计算的依据，同时还是法务理顺工作关系和做好知识积累的工具。

（1）法务台账可以理顺工作关系。拿合同台账来说，一个法务的合同台账起码要有以下几项内容，如表4-2所示，如果法务能坚持记录该表格的内容，那么单就法务建议反馈时间而言，有合同台账就足以说明，不会与业务部门发生扯皮。

表4-2 合同台账

| 经办部门交付时间 | 法务建议提交时间 | 合同双方 | 合同名称合同号 | 合同主要内容 | 标的额 | 合同期限 | 合同附件 |
|---|---|---|---|---|---|---|---|
|  |  |  |  |  |  |  |  |

（2）归档可以帮助积累专业知识。法务要根据自己工作的情况，分门别类归集档案，案件、合同、项目、函件等都要分别建立归档序列。同时，所有的材料都要扫描成电子版，在电脑中也设置同纸质一样的归档序列，以便查询，而纸质档案则可以交由公司档案部门一起保管。当法务把细致的工作习惯变成个人风格后，条理性和逻辑性就会增强，达到工作上的良性循环。

笔者要提醒的是，法务的"细致入微"是针对工作习惯和工作方式而言，"细"并等同于"角度的狭隘"，或者只注重细节不注重全局。法务应该既具备精细的工作习惯，又具备一定高度的全局观。尤其在战略角度和全局性问题的把握方面还是要从高度和大处着手考虑，但是在具体事项方面则要从细节和执行入手。

（四）法务既要"高大上"又要"接地气"

1. 法务的商业思维

（1）法务要有高管思维。法务不应沉迷于法律细节无法自拔，而应该换个角度看世界，从空中俯瞰问题，一定程度上而言，法务要从高管的角度考虑问题，同时要熟悉产品、生产和市场，具备商业思维。如果无法做到，那么公司高管和法务就会"相看两厌"，高管觉得法务跟不上自己的思维方式、无法理解自己的需求，法务则觉得高管要求自己完成的是法律上不可能完成的事情。

笔者的经验是，除去一些个别情况，这种差异的形成也许是基于双方所处地位、责任不同而造成的理解偏差。高管的信息与法务不一定会对等，对于具体事情考虑的角度也不同。法务条件反射地从合法性角度考虑问题，但是高管往往从公司整体局面考虑问题，双方的管理需求是不同的。

例如，笔者遇到过员工在车间吸烟，高管一定要开除该员工的争议。该公司的法务当时认为员工虽然违反了劳动规定，但是还没有严重到可以被解除劳动合同的程度，所以不建议开除该员工，该法务的出发点也是为了规避公司可能承担的违法解除劳动合同的法律后果。高管最终还是作出了开除的决定，对于高管而言，车间里抽烟可能会引发火灾造成重大的安全事故，所以吸烟这种情况一次也不允许发生，必须通过开除这种严厉的处罚形式来杜绝安全事故发生的可能性。法务可以尝试理解高管不那么合法但是却符合管理需求的决定，不要单纯地反对，而是可以从谈离职补偿等角度来既合法又有效地解决问题。

（2）法务的综合见解。法务的"高大上"还体现在对新兴经济现象、社会热点事件和法律问题的"与时俱进"上面，法律解决的是不同利益冲突时的选择问题，随着社会经济不断发展，各种利益主体层出不穷，各种利益冲突的表现和本质也各有不同，所以法律必然会根据社会实践而逐步调整，形成新的利益选择机制和纠纷解决途径。

新兴经济现象、新兴科技的出现不但对社会生活模式有着重要的冲击，也必然对法律制度的改革有着重大影响，对经济、科技的大事情一无所知的法务就很难察觉到正在进行的变革，一定会对法律的变迁后知后觉。例如，"大数据"概念的出现，就改变了传统的决策依据和资料处理方式。如果对"大数据"的4V要素：大量（volume）、高速（velocity）、多样（variety）和价值（vaule）不知悉、不理解，又如何能理解大数据分析，大数据技术在金融、互联网、电信、医疗和消费等领域的应用，大数据资产的商业模式等问题呢？不了解商务模式的基本结构和要点，又如何能把传统法律要求嫁接入新兴产业监管呢？

2. 法务的务实能力

法务的务实能力，俗称"接地气"，是指法务的思维和工作着眼点不能停留在抽象的理论和理想状态中，而应该从工作需求实际出发。

（1）法务要成为最熟悉本行业、本公司的人。法务工作的重点是解决所在公司的法律需求，而这些法律需求都来源于公司的生产经营实际，不同行业的法务工作重心、风险重点都会因为行业不同而存在差异。法务要熟悉所在公司的商业环境、行业特点、主要产品和技术规范等事项，对于商业习惯做法也要心里有数才能更接地气地完善法律工作。

例如，纺织机械行业中，会有很明显的经营周期性特点，有时候行情好的年份，订单会特别多，甚至排到之后年份，但是戏剧性地是，可能从第二年下半年开始行业就断崖式下跌，还没有完成的订单都不再需要完成了。如果读者在这种周期性影响特别大的行业公司中工作的话，必须在合同的解除条款、违约金条款中作出有余地的安排，但是如果你并不关注、并不熟悉这种行业特点，或是不掌握这种行业周期时间，你怎么会在合同中体现呢？

（2）小案例。在投资类的法律事务中，法务要能够把商业理念、盈利模式和交易架构通过法律文本加以固定、体现和执行，法务本身如果不熟悉行业情况、不理解商业逻辑显然是无法做到的，而要具有商业思维就需要法务做有心人，在工作日常中不断去主动了解、体会和学习。例如，对赌协议条款设计的可执行性就十分考验条款起草者"接地气"的能力。

笔者曾经遇到一个对赌协议，A公司作为C公司的战略投资者与C公司原来的老股东B公司进行了对赌，要求B公司在C公司年营业额没有达到10亿元的时候，将B公司持有的C公司的股权以1元人民币卖给A公司，并约定了股权转让时具体的流程和B公司的相关义务。这个对赌条款乍一看并没有问题，但是从笔者的角度看，笔者认为，该条款起草者不够"接地气"，没有排除B公司为了逃避对赌条款义务而向公司以外的第三人恶意转让其股权的情况。试想，B公司在对赌目标没有实现之前，先把其持有的C公司股权转让给了公司以外的第三人，这种转让可以分为善意转让和恶意转让两种。如果是善意转让，那么基于公司内部和外部关系的不同处理规则，法院一般会保护B公司和公司外部第三人的股权转让行为，这样A公司就无法按照对赌协议条款起诉B公司，以获得B公司持有的C公司的股权，虽然A公司有权利要求B公司承担相应赔偿责任，但是这条路其实并不好走，原因在于：一是A公司对赌协议这样安排，肯定是B公司的股权对其的投资损失的赔偿效果最大，其他方式并不一定能达到赔偿的效果；二是B公司的经济情况和支付能力未必会有多强，特别是作为C公司股东的B公司很可能就是一个持股公司，"身无长物"；三是即使上述不利条件均不存在，那么对于A公司而言也是增加了行权的成本和环节。我们再来看第二种"恶意转让"的情况，如果B公司把其股权恶意转让给了公司外部的第三人，那么A公司的确在法律上有权要求确认上述转让行为无效，将股权恢复至B公司名下。但是在这一类诉讼中，要证明B公司与公司以外的第三人存在相互串通、恶意交易并损害A公司利益，其实并不是一件简单的事情，即使这个案件胜诉，那么在把B公司股权归入A公司的诉讼前，也被迫增加了一个诉讼程序。因此，在设计合同条款的时候，还是要有一些预测能力，要了解各种逃避债务、规避义务的手段和途径，一定要"接地气"，有时候"处于庙堂之高"的确无法知道"处于江湖之远"的状况。

（3）法务要知道具体操作细节和路径。法律人的"接地气"还体现在要熟知市场监管、税务、海关等行政机关的工作流程和操作细节，不然设计的方案很可能因为无法满足行政机关的登记要件或其他要求而无法执行。

①不可行陷阱。在公司间借款合同仍是无效合同的年代，公司之间因借款而发生的抵押行为就会在很多地区产权登记部门遭遇房地产抵押困境。例如，A公司出借了1000万元给B公司，B公司以其坐落于某城市中心的1000平方米房产抵押给A公司作为担保。

A公司如果凭借借款合同、抵押合同、房屋产权证等文件前往房产所在地的产权登记部门办理抵押权登记，就很有可能被当地产权登记部门告知，除了银行、小额贷款公司、融资租赁公司等金融和类金融机构，其他债权人一律不得办理抵押权登记。理由是"企业之间的借款合同可能存在很大的无效风险，所以其抵押合同同样存在无效风险，产权登记部门不应予以作出登记行为"。这种情况下，一般都采取通过银行办理委托贷款的方式来规避公司之间直接借款的合同无效的风险。

②小案例。谈到公司核名工作，很多读者可能有"核名就要跑断腿"的感受，主要原因在于，老板想到的"吉利名字"往往都已经被他人使用，需要重新选择别的公司名称，其实现在多个城市的市场监督管理局都通过政府网站等形式开通了"企业名称库"，在前往核名之前，自己可以做查询，发现所拟用名称发生重复的，可以立即更换。其实，很多城市市场监督管理局就核名这一工作还开放了网上的电子办理程序，如果知道并且熟悉该核准模式，可以足不出户办理核名。这些小技巧可以说没有什么技术含量，但是对于提高效率确实十分有帮助，所以作为法务一定要有心地去收集实际操作方面的信息和技巧，这样才能使自己工作减负，效率提升。

③法务"接地气"还表现在对公司生存的环境要具有一定的敏感度。对所依赖的法规和政策的变动对公司业务的影响要准确把握，对于出台的补贴政策、扶持政策和对行业发展有利的产业政策要及时掌握，该申报申报，该争取争取，不要错过政策的窗口期。对于一些变动较大，容易对企业经营产生较大影响的专项性政策，要十分敏感，例如，外汇管制的具体政策就会随着经济变化而变化，这种变化对于从事外贸业务的公司就会影响比较大，及时把

握监管走向和政策变动可以将不利影响降到最低、有利因素发挥至最大。

（五）找准定位很重要

法务的定位其实有多种含义，包括法务部在公司整体架构中的定位，包括法务个人对自己的职业定位和角色定位。那么在这个部分，我们主要来讨论法务个人在工作中究竟如何定位。

1. 法务和高管、股东的关系

股东或者公司高级管理人员和法务之间的关系，笔者认为是决策和建议的关系。法务向老板（或者公司本身）提供专业的法律服务，用自己的法律技能给股东（或者公司高管）提供决策建议和依据，但是无论法务的专业如何深厚、技术如何高超，永远要记得的是，有关公司经营的最后决策永远只能公司决策机构或者股东来定，法务不应该超越自己的权限。

（1）不要简单否定。可能读者会说这个道理大家都知道啊，没有人会犯这样的错误，但是请各位读者扪心自问，你有没有在和股东、高管讨论问题的时候，觉得他们的做法肯定是错的，因为你觉得他所做的决定承担了过多的风险。

笔者在担任律师的时候，有一次接到顾问单位一个老板直接给予的合同，老板要求看一下，这是一个采购合同，购买一项原材料，支付方式是先付合同总金额 80% 的预付款，当时笔者的意见是付款金额过高，风险无法控制，要求对方降低预付款。笔者特地给这个顾问单位去电，强调了这么高比例的预付款肯定不合理，如果对方不发货，我方会很被动，所以笔者强烈建议一定要在预付款降低到 30% 以下时，才能签订合同。但是出乎笔者意料的是，这个老板反复和我确定，如果对方不履行这个合同中的交货义务，我方有无追偿措施，而对于预付款并没有做太多讨论，也没有采纳笔者的意见。在确定了对方解除该合同、不履行或者延期履行交货义务的救济措施比较完备的情况下，仍然按照对方的要求签订了合同并支付了预付款。

当时年轻的笔者特别不理解，觉得这个老板没有一点风险意识，但是后来笔者发现这个不合理的预付款背后其实隐藏了合理的商业逻辑。这个顾问单位的老板要采购的这一项原材料正处于国际价格上升通道中，半年来市场价格翻了一番，并且还在继续上涨中，而这个顾问单位本身对这种原材料依赖性很大，产品40%的成本构成都是该项原材料，快速地囤点货、锁定价格才是最上算的商业思维。

读者们看，当时年轻的笔者犯的错误就是"以己度人"，把自己放在了顾问单位老板的位置上来决策这个合同，其实虽然笔者把自己放在了老板这个位置上，但是笔者并不具有老板这种商业思维和前瞻性的眼光，对于行业情况也不甚清楚。

如果笔者现在再来完成这份工作，那肯定是要先和该顾问单位老板沟通，搞清楚老板最关注的重点，在发现预付款比例大大高于一般合同时，肯定要和业务人员沟通，了解市场行情和价格走向。但是关于预付款比例过高的风险，笔者还是会提示，只是在说清楚法律后果后会留给该老板综合考量。

（2）法务和股东、高管有着不同的价值取向。法务往往从其职业惯性出发认为法律风险肯定是最严重、最需要规避的风险，而首先选择规避法律风险的产生，但是作为董事长、公司高管，其价值取向可能会跳出个案，考虑整个管理和经营层面的风险以及舆论导向，不一定会以排除法律风险为第一要务。这个时候法务在详尽地把法律风险描述清楚和作出合适地预估后，不应该代替董事长或者公司高管作出单纯从法律角度出发的决策意见。当然，笔者这条建议对于可能触犯刑事法律的情况而言并不适用，对于踩到监管"红线"，可能会被取消经营资质或遭受市场禁入处罚的情况也不适用。

笔者想提醒的是，法务在向董事会、董事长或公司高管汇报工作的时候，一定要客观公允，千万不能有个人判断和个人决策倾向。对于每一个陈述的法律事实都必须要有客观依据，对于每一个提供的法律分析都要有法条和案例支持，对于每一个解决方案都要中性分析利弊，上述几个汇报内容的主要作用是供决策者客观地作出决定，而不是具有倾向性地引导决策者作出决定。这种意识也是法务个人作为职业经理人要有的态度和理念。

2.法务和业务部门的关系

法务和业务部门的关系如何？其实，在本书上述章节中笔者已经有所讨论，读者可能会有一个疑问，本书中这么多章节都强调法务要站在业务人员角度考虑问题，要设身处地地为对方着想，要提示业务人员自身风险等，似乎笔者特别强调法务的服务型定位，那么是不是法务与其他部门的定位基调就在"服务者"上了呢？笔者认为服务肯定是法务的定位之一，但是监督者更是法务的职责，对于上文所说违反法律、踩踏"红线"的做法，法务就不是服务者，而是监督者，监督业务部门不从事重大违法违规事项。可以说，法务就是公司内部的监管部门，起到风险防控的作用。所以法务的定位不是一成不变的，对于不同的对象，法务的定位不同，起到的相关职能和作用也不同，所以法务要善于在不同的场合扮演不同的角色，起到不同的作用。

## （六）综合能力才是撒手锏

### 1. 锻造自己的法律专业能力

要成为杰出的法务，精通法律专业自然是无比重要的。然而，我国的法律法规浩如烟海，没有人能够全部掌握，如何提升自己的法律水准，个人建议如下：

（1）法务人员要在实务中反复训练自己的法律思维方式，并且要对民商法的法理有着深入的理解和体会。千万不要觉得法理是空洞玄妙的东西，在很多场合只有法理能够提供思路。因为法律在一定层面上是落后于经济社会问题的出现速度的，往往是在纠纷或问题出现到一定程度时，立法者才开始制定相应的法律，所以有些时候法务会发现有些问题找不到具体的法律规定，但是工作无法等到法律出台才解决，这时候法务就需要用法理来指导解决思路。

例如，对于公司要做的新业务类型，可能找不到对应的规定，而法务又要对其合法性作出判断，这时就可以先将该新业务类型归入某一现有法律规范的业务大类，发现现行法律的立法思路、打击对象和监管目的，从而判断公司的该新型业务是否合法，在未来是否可能会被追究责任。例如，点对点信贷（P2P）业务的监管规定在 2016 年 8 月的《网络借贷信息中介机构业务活动管理暂行办法》出台前，是没有十分明确的监管规则的。业内都以 2014 年 4 月 21 日国家处置非法集资部级联席会议上召开的新闻发布会中提到的非法集资的三种情况为"业务红线"，即在经营中被禁止的行为（三种情况为：理财－资金池模式；不合格借款人导致的非法集资；庞氏骗局包括资金错配和期限错配等形式）。在此期间，点对点信贷公司的法务同人可以说处于无法可依，却又要拿出明确法律意见的阶段。这个时候就是要从监管部门的监管角度出发，认真对点对点信贷所有的监管会议纪要等文件进行研读，领会监管部门的监管目的，对于三种监管红线的本质、结构要点和表现形式做界定，从而对比本公司的业务是否落入监管范围。

（2）法律知识的储备要有一定的广度。有的时候看似和自己"八竿子打不着边"的法律，也许会对你所在公司的权益产生重大影响。例如，有一些食品行业的法务觉得《反垄断法》是高大上的"偏门"法律知识，和自己业务不会有交集，其实食品生产商之间如果大规模地签订固定价格、划分销售区域的协议，达到限制竞争对手的效果，则是很有可能落入反垄断的处罚范围的，没有基本反垄断的法律知识，可能连风险在哪里都发现不了。再如，《破产法》，有的法务会觉得离自己很遥远，但是很可能在应收账款催讨时就碰到债务人被宣告破产的情况，《破产法》对程序的要求较高，没有基本知识储备，可能会错过申报期等关键时间节点。

2.创建自己的综合实力

法务和律师相比，综合能力更为重要，而综合能力中的信息科技、财务和沟通能力最为重要。

（1）信息科技能力。信息科技已经是现代企业重要的管理手段，熟练使用办公自动化是法务人员应具备的基本能力，但是有些公司可能基于发展阶段或者行业特点没有使用办公自动化等信息系统，在该类公司工作的法务是否就不需要具备信息科技能力了？答案肯定是否定的。对于法务而言，在做法律检索、案例查询时也要用到信息科技技术，同时掌握高阶的 Excel 技能会有效帮助法务人员梳理证据。例如，分期还款的逾期利息计算问题，如果无法通过计算完成，则在账款笔数时间特别多的案件中简直就是巨大的工作量。

笔者遇到过一个案件,就是原告向被告追讨食堂的用餐费用,双方都运用数据模型来计算诉讼标的。原告是被告公司餐厅的承包商,垫资代购食材、烟酒并负责加工制作。该公司的食堂分中餐厅、西餐厅和招待用的小餐厅,中餐厅和西餐厅的餐费每两个月结算一次,小餐厅的餐费半年结算一次。但是,实际上一开始被告支付给原告的餐费多付了,后来就先在多支付的餐费中进行扣抵,但是在多支付的餐费抵扣完毕后,被告一直没有付款,最后到起诉时欠了原告一年半的餐费。这个诉讼请求和逾期利息的计算就比较具有难度,手工计算几乎是不可能的,原告的法务和信息科技部门的同事合作解决了这个难题,原告法务向信息科技部门的同事介绍了本金和逾期利息的法律规定和计算标准,一起制定了计算模型和指令,并制作了模型设计步骤清单,方便向法官解释,极大地节省了时间和人力。

(2)财务能力。笔者想强调一下财务知识的重要性,笔者经常会和法务新人说一句话"财务不懂法律知识是很正常的,但是法务不懂财务知识是不行的"。法务的财务知识的标准不是说要会做会计分录或者记账,而是要能明白财务的合法性标准和工作逻辑,能从中找到风险。

笔者认为,法务至少要能看懂财务会计报表,能从财务报表上发现有违常理的地方或者假账痕迹,要对财务报表做法律分析,要具有能把财务账册等材料作为证据使用的能力。在设计工作方案时除了考虑法律方面的内容外,还要能自然地考虑财务上的可行度和相关因素,例如,在审阅合同的时候,法务对发票种类及其相应的犯罪构成要有清晰的概念,因为因税务问题和发票问题触犯刑律的可能性比较大。

（3）法务的财务视角。下文笔者将从资产负债表的具体科目出发，来展示什么才是法务的财务视角。

①资产负债表概览。众所周知，资产负债表是一个公司非常重要的财务报表之一，无论是债权关系还是股权投资，都需要详细地阅读和分析资产负债表，来判断公司的财务总体情况、资产和负债的逻辑关系，把握该公司的财务风险，预测其未来的经营情况。也就是说，这是一张体现公司在各会计期末的资产、负债和所有者权益关系的会计报表。我们先来看资产负债表的资产项目，这些项目是为了反映该公司所拥有或控制的资产总额以及资产的具体种类和形式。作为法务在阅读资产负债表时先要查看该公司所持有的资产情况，这从某种意义上说就是摸清该公司的家底。法务应该细分资产的具体种类和状态，以正确判断该公司的资产对其是否具有积极的作用，该公司资产结构是否合理，该公司资产质量是否优质。

②法务看资产负债表的三种角度。分析一张资产负债表主要可以用三种方式：第一，打开特定科目，确定数字背后的真相。第二，比对资产负债表科目之间、不同财务报表科目之间、不同时期的资产负债表之间的逻辑关系，推断财务报表的真实性。第三，合理使用财务比率数据。如表4-3所示，这是一张空白的资产负债表，供读者查看其具体科目。

表4-3 资产负债表

金额单位：元

| 被审单位 | | | | | | | |
|---|---|---|---|---|---|---|---|
| 资产 | 行次 | 2007年12月31日 | 调整后金额 | 负债及所有者权益 | 行次 | 2007年12月31日 | 调整后金额 |
| 流动资产： | | | | 流动负债： | | | |
| 货币资金 | 1 | | | 短期借款 | 68 | | |
| 短期投资 | 2 | | | 应付票据 | 69 | | |
| 应收票据 | 3 | | | 应付账款 | 70 | | |
| 应收股利 | 4 | | | 预收账款 | 71 | | |
| 应收利息 | 5 | | | 应付工资 | 72 | | |
| 应收账款 | 6 | | | 应付福利费 | 73 | | |
| 其他应收款 | 7 | | | 应付股利 | 74 | | |
| 预付账款 | 8 | | | 应交税费 | 75 | | |
| 应收补贴款 | 9 | | | 其他应交款 | 80 | | |
| 存货 | 10 | | | 其他应付款 | 81 | | |
| 待摊费用 | 11 | | | 预提费用 | 82 | | |
| 一年内到期的长期债权投资 | 21 | | | 预计负债 | 83 | | |
| 其他流动资产（待处理流动资产损失） | 24 | | | 一年内到期的长期负债 | 86 | | |
| 低值易耗品 | 28 | | | | | | |
| 流动资产合计 | 31 | | | 其他流动负债 | 90 | | |
| 长期投资： | | | | | | | |

续表

| 资产 | 行次 | 2007年12月31日 | 调整后金额 | 负债及所有者权益 | 行次 | 2007年12月31日 | 调整后金额 |
|---|---|---|---|---|---|---|---|
| | | | | 被审单位 | | | |
| 长期股权投资 | 32 | | | 流动负债合计 | 100 | | |
| 长期债权投资 | 33 | | | 长期负债: | | | |
| 长期投资合计 | 38 | | | 长期借款 | 101 | | |
| 固定资产: | | | | 应付债券 | 102 | | |
| 固定资产原值 | 39 | | | 长期应付款 | 102 | | |
| 减:累计折旧 | 40 | | | 专项应付款 | 106 | | |
| 固定资产净额 | 41 | | | 其他长期负债 | 108 | | |
| 减:固定资产减值准备 | 42 | | | 长期负债合计 | 110 | | |
| 固定资产净值 | 43 | | | 递延税款: | | | |
| 工程物资 | 44 | | | 递延税款贷项 | 111 | | |
| 在建工程 | 45 | | | 负债合计 | 114 | | |
| 固定资产清理 | 46 | | | | | | |
| 固定资产合计 | 50 | | | 所有者权益（或股东权益）: | | | |
| 无形资产及其他资产: | | | | 实收资本（或股本） | 115 | | |
| 无形资产 | 51 | | | 减:已归还投资 | 116 | | |
| 长期待摊费用（递延资产） | 52 | | | 实收资本（或股本）净额 | 117 | | |

续表

| 被审单位 | | | | | | | |
|---|---|---|---|---|---|---|---|
| 资产 | 行次 | 2007年12月31日 | 调整后金额 | 负债及所有者权益 | 行次 | 2007年12月31日 | 调整后金额 |
| 其他长期资产 | 53 | | | 资本公积 | 118 | | |
| 无形资产及其他资产合计 | 60 | | | 盈余公积 | 119 | | |
| | | | | 其中:法定公积金 | 120 | | |
| 递延税款: | | | | 未分配利润 | 121 | | |
| 递延税款借项 | 61 | | | 所有者权益（或股东权益）合计 | 122 | | |
| 资产总计 | 67 | | | 负债和所有者权益（或股东权益）总计 | 135 | | |

下面分别对以上三种方式进行具体说明。

第一种方式：打开特定科目，确定数字背后的真相。

第一个要关注的科目是"流动资产"。

流动资产顾名思义就是经常会变动、流动的资产，会计学上的解释就是在一年内可以或准备转化为现金的资产，这个科目是用来分析和评估公司的短期偿债能力的。

如果法务所处的公司是债权人，正考虑是否要给予债务人公司以短期借款时，笔者建议要关注下这个科目，尤其是所谓的"速动资产"。"速动资产"就是指流动资产中变现能力较强的货币资金、债权、短期投资等资产，债权人法务对"速动资产"最起码的要求，是其金额至少要足以覆盖分期支付的利息。

把流动资产和流动负债（就是在一年内应清偿的债务）对比分析，来判断其流动资产是否足以支撑其对流动负债的偿还能力。

作为出借方还可以观察其可供变现的金融资产科目，是由哪些财产构成，是否真的可以用于变现。有的时候财务上认定的可供变现的金融资产在实际处理中则并不一定可以变现。例如，上市公司的股票就是其中一例，原来上市公司的股票是流动性十分强的资产，即使借款人的流动资产不算充沛，如果有上市公司股票做质押，那么出借人一般也会比较放心地给予借款，上市公司股票一般就归为可供变现的金融资产科目，但是《上市公司股东、董监高减持股份的若干规定》出台后，减持就需要满足一定的程序和规范，这个时候即使科目中具有上市公司股票，但是结合法律规定也不能认定完全具有流动性。

第二个要关注的科目是"应收账款"和"其他应收款"。

这两个科目虽然是公司资产总额的组成部分，但是很可能只是名义上的资产，是虚的资产，法务要经过审核来决定是否在资产总额中做扣减。

要看应收账款的金额是否在总资产中所占比例过高，如果是就证明这个公司资金有大量的债权没有实现，换个角度而言，就是可能存在为他人垫资等现象，善意来讲可能其资金因为商业模式而被客户占用，但是恶意来讲，也有可能被大股东或关联方占用，这时候就要打开"应收账款"，对其明细情况做分析。一定要关注应收账款的债务人主体，对于法务而言，既可以帮助其判断债权的真实情况，又可以用来分析该公司的治理是否规范，如果大股东或实际控制人是主要债务人，那么这家公司的治理情况肯定不容乐观。

还要查看报表附注说明中的应收账款的真实账龄，对于超过3年的应收账款，不论财务上如何认定，对于法务而言，如果没有中断诉讼时效的债权主张行为，那么基本可以从资产项目中予以扣减。

而"其他应收款"是个"口袋"科目，很多漏洞都藏在这个科目里。对于这个科目一定要打开细看，审查是否有实缴资本被抽走，无法做账，而列为其他应收款的情况；还要审查是否利用备用金之名，转移资金到个人账户，存在挪用资金的情况；更要审查是否存在将投资款项列为其他应收款账户，以隐藏投资，从而截留投资收益分配的情况。公司往往会将一些不好列支的项目放在"其他应收款"科目里，法务一定要关注其金额和组成。

第三个要关注的科目是"存货"。

这个科目和行业的关联度很高，例如，房地产公司的存货就是在建的商品房或者未销售完毕的商品房。对于"存货"科目，一要看存货是否与公司的主营业务相关，是否为其主要销售产品，如果不是，那这些存货的变现情况就值得考量。二是这些存货的成新率如何，是否在使用期内，这涉及变现率的问题。三是存货和未来收益的关系如何，如上文所言房地产公司如果拥有较多的存货，那么意味着公司也许有在建商品房，如果位置好，那么无疑这些存货会带来未来的较高收益。对于构成资产的"无形资产""长期投资"和"固定资产"等，也均要关注其真实价值的估值和对并购后的适用程度，是否和以后的产业发展相契合。除了上述要点，读者还要关注存货这个科目对其他科目构成的影响，如果总资产较多由存货构成，那就更要考量存货的市场处置价值和流动性。

第二种方式：比对资产负债表科目之间、不同财务报表科目之间、不同时期的资产负债表之间的逻辑关系，推断财务报表的真实性。

对于资产负债表的研究，不能只是一个静态的观察，而应对照其他的财务报表、不同的科目来看，用科目之间的逻辑关系来推断财务报表的真实性和合理性。

例如，在观察资产负债表中的"应收账款"时，如果应收账款的组成占较大比例的是销售回款，就要与存货中的"库存商品"这个科目来做比较，观察两者是否存在较大的差异，如果差异较大，而且在和"当期销售收入"无法契合的时候，法务就要进一步核查其销售收入的真实情况。总之，仅将"应收账款"单个科目作假会比较容易，但是如果要把三个科目同时作假，那么难度还是很大的。

再如"预收账款"和"库存商品"两个科目的比较就可以用来审查交易的真实性，要看收取的产品预收账款金额是否能够和生产中的商品和库存商品数额形成对应；同时"预收账款"还可以和"原材料"科目相匹配，如果原材料很少甚至没有订购，那么预收账款的形成也不是很牢靠。

对于资产负债表上的负债项目同样需要用对照的方式来看，"短期借款"如上述所述要对照"流动资产"来研究，判断该公司是否存在短期的还债能力。"短期借款"和"长期借款"对应着看，用来判断其长短期债务期限是否合理，一般而言，都是短期借款或者都是长期借款则不是很合理的债务结构。而要综合查看"短期借款""长期借款""应付账款""长期应付款"和"其他长期负债"，才可以判断其债务结构是否合理，也才可以发现公司对资金的期限需求的偏好，而应付款很多的公司要么说明其议价和谈判能力良好，要么说明其可能拖欠供应商资金情况严重。

总之，分析不同的举债方式可以结合公司自身情况对其诚信程度、风险偏好和资金管理等财务特征作出相应结论。把资产负债表中"应交税费"和现金流量表中的"主营业务收入"做对比，来判断销售的真实性和纳税的合法性。同样，生产成本"制造费用"中的电费等能源费用也可以和"主营业务收入"作对比，来判断其生产的真实性。把债务科目和"所有者权益"科目做对比，用来判断公司长期偿债能力，并判断其特定投资人的资质是否达到。关注一下公司"期初数"的负债金额，再对比观察利润表的财务费用，可以推断其负债的真实情况，再对照利润表的"每股收益"，就可以判断公司在负债条件下的盈利能力。

在公司发生资本公积转增注册资本的时候，要查看原资本公积金、股本总额和货币资金三者的关系，来论证其转增方案的合理性。

对资产负债表及其他的财务报表的审查，不但要横向地观察，更应该进行纵向地对比，纵向就是观察不同会计期间的资产负债表。这种跨期的资产负债表的观察方式主要是用来对公司的发展态势做一个判断，因为公司某一特定日期（时点）的资产负债表对信息使用者的作用极其有限。只有把不同时点的资产负债表结合起来分析，才能把握公司财务一段时间的发展状况，并对其趋势做一个基本判断。同时，连续看三年的财务报表更容易知道公司对未来预期盈利、预期销售的测算准确性，因为连续会计年度的财务数据可以提供一个十分好的计量依据，来分析其预测的合理性。如果在第一年的净利润还是亏损状态而第三年突然预计大幅盈利，那就要问一个为什么了,是之前隐藏了利润所以才会临时出现一个极大的偶然收益?在做投资项目的时候,建议将标的公司资产负债表和同行业内类似公司,特别是经营状态比较好的公司做对比分析,来判断标的公司在行业中的情况。

第三种方式:合理使用财务比率数据。

为何说要合理使用财务比率数据?因为笔者相信"尽信书不如无书",财务比率仅是一个参考依据,由于其数据来源本身具有局限性,所以并不能被完全相信,但是财务比率仍然是一个很好的参考依据。

笔者认为比较重要的几个财务比率有以下几种:

第一,净资产比率,该比例为股东权益总额/总资产,也就是说这个公司到底持有多少净资产,净资产和负债之间的比例是怎么样的。净资产比率高的公司往往其持有大量资金的可能性较大,其有能力继续举债,贷入资金。但是这个比率并不是越高越好,如果高于了行业平均水平,就说明其净资产过高,该公司的财务结构可能不合理。因此,同一个比率从不同的使用角度看,其好坏是截然不同的,如果法务所在的公司是出借人的话,那么显然希望这个比率高一些,而所在公司是股权投资人的话,那可能还是要看行业情况进行分析。

第二,资本化比率,该比率为长期负债/(长期负债+股东权益)。这是一个查看公司安全性的比率,如果这个比率很高就说明公司的负债率可能已经接近公司的净资产了,这个时候就要进一步考察其利息支出是否严重影响了该公司运营资金的使用。但是如果负债率很低也不一定就是说这个公司状态良好,也有可能是其综合实力不够,银行不愿意给予其借款。

第三，资产利润率，这个利率的计算公式为：利润/平均资产总额×100%。用这个比率可以观察公司现有资产对盈利能力的关联性和贡献度，也表明了公司对于资产使用的效率和对应性。这个指标对做投资并购十分重要，公司的盈利能力除了和盈利模式有关系外，资产本身的盈利能力也是十分重要的考察指标；同时，如果资产本身盈利能力不佳，那么该资产的市场处置变现能力也不一定会好。

第四，销售利润率，这个利率的计算公式为：利润总额/营业收入×100%，这个利率很直接地体现了公司的利润获取能力，这个比率还可以结合管理费用、销售费用等科目来论证公司的利润率。销售利润率也是考察公司现有产品和公司盈利能力的重要数据，但是除了简单观察该数据外，还应该查看影响该比率的具体因素，是否存在问题或者是否存在调整空间。

财务比率的种类十分多，代表着各个不同的审查角度，存货周转率、存货变动率、应收账款变动率、现金比率、速动比率等，法务可以熟悉这些比率的计算公式以及查看角度，结合不同商业目的来分析判断待证事实。

③增强财务知识小技巧。法务个人要增进财务知识，可以采取以下方法：如果读者还是"财务小白"，那就最好先去上一些"会计上岗"的基础财务课程，把会计科目、借贷关系、会计凭证和财务报表的制作要点都进行了解，充分理解财务规则和运作体系，其实财务制度和法律体系是一个逻辑概念，都是从法规到程序，从文本到准则，都有一套独立、独特的制度，一定要先熟悉其运作模式。如果读者已经有扎实的财务知识，那可以去尝试参加"注册会计师"的培训和考试，学习从审计师的角度来看财务问题。不过，

最大的财务知识来源还是实际工作,在工作中,关注财务同事的思维方式、关注角度,从中可以了解实战中财务工作的着眼点;此外多和财务同事交流、不耻下问。这些办法肯定对财务知识的增加有很大的帮助。

(七)法务要比保险推销员更有"话术"

笔者发现一个现象,如果有人听说你是律师、是法务,那么第一反应肯定是"哇,你肯定特别能说",但是笔者对此观点不太认同,无论是法务还是律师,在工作中说话最主要的目的是解决问题、达成共识,单纯的"能说会道"并不代表沟通能力一定强。笔者根据自己的经验总结了几点法务的沟通技巧,囿于自己经历的狭窄,以下观点主观性较强,如有偏颇,还请读者谅解。

1. 法务要明确沟通的目的

沟通的目的是解决问题,得到结论,而不是彰显个性、突出能力。

(1)情绪化的沟通要不得。如果法务没有这个主导思想,就很容易被情绪左右,不利于工作。笔者经常看到一些法务同事,和其他部门同事沟通时经常会争执得"脸红脖子粗",这样的沟通效果肯定不一定好,因为法务同事在情绪激动的时候肯定无法完整有效地表达自己的建议,而业务部门的同事在情绪激动的时候也无法听进去更多的意见,严重的还会产生心结,影响以后的沟通。

(2)沟通小技巧。

①在沟通具体问题的时候,可以先进行表扬,称赞业务人员文书起草得有水平、想法很周到,然后再给出自己的法律建议,这样会使业务人员更容易接受法务的建议。

②无论在公司内部还是公司外部，笔者认为法务太能说并不一定是好事，特别是当整个沟通局面法务成了"麦霸"，只有法务的声音的时候，沟通效果一定不会好。因为所谓的沟通一定是要有来有往的，只有各方把意见进行充分地交流才能获得更有效的信息，了解其他各方的想法和原因。法务一个人的"独角戏"不能完成有效的沟通，自然对于解决问题只会起到反作用。因此，对于法务而言，沟通技巧中很重要的一点就是要学会倾听，只有耐心地听，甚至反复地听才是有效沟通的关键。

③对于法务而言，笔者认为在平时的工作沟通中更应该"惜字如金"，把关键点、要点讲清楚即可，无须增加很多自己个人的判断和主观分析，即使必须进行结果预测等工作，也要基于现有文件和法律规定，不建议作出太多主观臆测。

对于法务而言，自己所讲的话是否合适，取决于法律专业上是否把握得准，逻辑关系上是否清楚合理，事务的要点是否能有效把握，而并不是靠话多取胜。

④法务主导对话的标准是能够引导对方讲述所有你想听到的内容，同时抓住该项工作的关键点，最后高效地说服对方。因此，虽然每个人都有不同的沟通能力，并且沟通没有样本可言，从某种程度上还和个人性格有关，但是还是应该把沟通作为一项技能来训练，总的来说就是法务一定要牢牢记住自己和他人沟通的目的是说服他人采纳自己的意见，任何意气之争都没有必要，说清楚风险所在，解决之道即可，态度和语气要有利于对方接受。同时，法务内心要明白，法务部门和业务部门的角度本来就并不完全一致，业务部门一般都希望促成交易、尽快完成交易，并不希望法务提出任何会影响交易进程的建议和意见。法务要理解业务的这种心态，在沟

通时把握尺度，对于会严重影响交易甚至否定交易，同时会被认定为严重违法或可能带来行政处罚的问题，要站在提示业务人员的角度提示其可能会为此承担个人责任，但是比提示更重要的是找出可以兼顾交易和风险的解决之道。

2. 做好沟通，提前要做的功课

任何口头的沟通，其效果的好坏，除了沟通者的口头能力外，要想成功还要提前做足功课。我们以谈判为例，谈判的决胜要点，除了现场的口头谈判效果外，更重要的是现场谈判之外要"做功课"。

（1）尊重对方。谈判对象的身份、工作经历、个人风格和谈判团中的定位，都会对谈判有实质性影响，法务要学会"到什么山唱什么歌"。如果对方是一个比较朴实的民营企业家，那么即使你本人比较洋气，也不建议谈判时在中文中夹杂英语，这样会引起对方的反感，语言都不在一个平面上，怎么能畅快地交流呢？西方有一句谚语，笔者认为可以很好地诠释上述要点："如果你用别人能理解的语言与对方谈话，那么谈话会进入对方的大脑。如果你用对方的语言与之谈话，那么谈话会进入对方的心里。"

（2）详尽准备。对于谈判的内容也要提前做详尽准备，谈判各方的主要诉求、各自的差异、达成共识的部分、上几轮谈判出现的问题和这次谈判的优先问题都需要事先做好清单，不但要把谈判内容、问题优先顺序、应对方案等做深入讨论，还要完成一定的公司内部的谈判授权，所以"功夫在诗外"。

（3）角色准备。一个成功的谈判必然满足以下要点：目标明确、准备充分、时机合适、表达恰当、及时固定谈判结果。如果是组成工作小组进行谈判的，那小组不同人员的分工和定位同样重要,我们俗话所说的"红脸""白脸",就是要在一个谈判小组中,有着不同的谈判角色分工,虽然角色扮演不同,但是目的都是同样的。

3. 关注具体的沟通技巧

要掌握有效的沟通技巧,无论是穿衣、表情、言论和肢体语言都要往一个目标使力,甚至要注意谈判的场合、时间对结果的影响。

(1)打消对方戒备心理。在办公室谈业务和在咖啡馆谈业务对于交易对手而言是完全不同的心境和感受,其戒备程度可能也不一样。法务和业务人员不太一样,在和交易对方沟通中,对方可能会先天性地对法务有戒备心理,大家都觉得,法务和律师一样就是来"找茬挑刺"的,自己所讲的很多东西,一不留神就会被质疑、被否定。

面临这种情况,法务一定要在沟通的初期,不能表现得"咄咄逼人",不能表现得过于强势,以上做法不太容易被对方接受,而是要先用"亲和力"赢得对方的信任,建立一个沟通的良好开端和基础。讲到这里就需要提一提法务如何来拉近与他人的距离,迅速获得共鸣。在沟通初期,大家总要寒暄几句,拉近距离的时机就在此时,一般而言如果双方有共同点、共同的爱好、共同的观点、共同的口味……那就会比较快地感觉亲切。因此,法务知道的东西一定要多、要杂,就像《天龙八部》里的那个无崖子一样,琴、棋、书、画、医、卜、花,无一不晓,放在现在就是社会热点、国家大事、健身跑步、行业奇闻、娱乐新闻……无一不晓,这样就很容易和人聊得起来,也容易形成互动,找共同点就更加方便。

(2)尝试性沟通。在进入正式沟通环节时,笔者的建议是让对方先说，因为法务可能对于方案所提出的问题会比较偏向于调查、质疑和深挖，所以让对方先说，一来可以先听听是否有的问题已经得到回答，二来可以先看看其口头表达的和书面方案是否有差异。在听完后法务可以发问，但是不要用强烈的质疑和否定语气，可以借口自己不熟悉技术、不熟悉市场、不熟悉商业模式，用学习的语气，会比较受人欢迎。提问的时候，在非法律专业的问题上不要在意是否会被对方认为不专业，一次性问个明白比反复问总是要好一些。

（3）"讨价还价"的方式。在对文本条款的设置有不同意见的时候，建议先向对方解释我方改动的原因，是因为国有资产监管的规定，还是因为满足市场准入条件的需要，抑或是出于某些财务税务安排的考虑。如果能够给予对方一个比较合理的理由，那么说服对方更改条款就会相对容易。

①谈判地位和条款权责。如果没有办法找到一个合适的理由，而且要更改的条款又的确要求对方要让渡权利的，笔者认为这种情况下，目的能否达成，主要由合作各方的地位来决定，如果在交易中占优势地位，一定会比较容易达成，但是本身在交易中处于弱势地位的，就很难实现目的。虽然笔者认为沟通技巧并不能解决所有问题，谈判的优势地位决定很多权利义务的承担方式，但是至少具有高超的沟通技巧可以使工作更加顺利、通畅，同时有利于建立良好的合作关系和信任基础，久而久之对业务肯定存在促进作用。

②逐条过条款。在对条款进行沟通和修订的过程中，建议采取"逐条过"的方式，把双方业务和法务可以确定的条款先进行统一表述，对于双方业务和法务无法确定的条款，可以作为汇报事项和待决事项回去汇报并留待下一轮沟通时处理。

如果是公司内部合同审核程序时的沟通，就要根据不同的条款情况来采取不同的沟通方式，如果是严重违法或者踩踏监管"红线"的，就要拿出权威的态度，不是商量的口气，而是一定要改，要注意是改而不是全盘否定，尽量要在达到商业目的的前提下，修改业务架构和交易模式，来使其合规合法。如果是非"红线"条款，那么就要用商量口气来沟通，先要问清楚，商务部门或业务部门此类条款设计的初衷是什么，为了解决何种问题、达到何种目的。

了解用意后再提出相应的修改意见，会比较有的放矢。法务要对条款进行修改的一般原因都是不修改可能会导致相关风险，那么对于风险本身的判断依据除了法律规定之外，还涉及很多因素，合作对方的信誉程度、外部监管的介入可能、交易本身的合理性等都会影响风险出现的概率。因此，法务可以就风险产生的可能性和商务人员、业务人员做沟通，互通信息，一起作出比较实际的判断，然后再考虑如何修改条款。和商务人员、业务人员的沟通还可以帮助法务了解交易对手，这对修改合同条款，并使其容易被接受很有帮助。

对于文字表达不清、模糊和有歧义的表述，不建议法务独立自行修改，因为其实法务并不知道商务人员和业务人员究竟想表达何种意思，"语言永远无法精准地表达内心"，更不要说是用自己的语言去表达别人的内心了。建议法务和商务人员、业务人员充分沟通，把想表达的意思弄清楚后再体现为文字。

4. 法务要擅长"因材施教"，沟通也要"因人而异"

（1）慎用法言法语。法务必须明白除了你自己外，其他人并不是法律出身，大家并不知道你的"法言法语"，更没有能力理解运用这种语言。所以对于非法律人士，法务一定不要"掉书袋"，如果你讲的东西，别人都不明白，那么还怎么给你反馈，还怎么沟通。

这种时候最重要的是，法务要切换语言，要用直白的话进行解释和沟通，适当的时候可以通过举例子来方便理解，用对方熟悉的语言来沟通可以拉近距离、更快获得共识。有的读者会问"一个法律术语都没有，会不会显得我不专业"，笔者认为，如果你一定得讲法律用语，也不是不行，因为有的时候，可能也找不出其他的词汇来替代，但是同时一定得作出通俗易懂的解释。

（2）根据沟通对象，采取不同沟通方式。沟通是一个输入和输出的问题，法务一定做有效的输出，引导他人有目的地输入。

①不同对象的不同方式。对于不同个性的同事也要采取不同的沟通方式，对于胆子比较小的新人，要鼓励他们和你做交流，向你提供信息。对于公司里的"老油子"，有的时候不妨严厉一些，正式一些，话可以说得直白一些。对于公司高管，和他们做沟通时，特别要注意时间，尽量言简意赅地把问题讲清楚，对于他们的需要和主张都要提前进行了解，汇报情况时要按照问题严重性优先排列。介绍解决方案时，要把各个方案利弊讲清楚、费用说明白，为了帮助理解还可以当场画架构图进行说明分析。对于需要高管决策的事项，一定要明确提出意见和要求，对于高管决策模糊的地方要进行追问，以免延误时机。对于需要高管进行协调和帮助的事项更要明确提出，并说明需要完成的时间节点，和需要被协调的部门和外部单位，有可能的话可以提供协调思路。

②客观理性的形象。笔者所言的"因人而异"并不是指"顶高踩低"，对普通员工和对老板是两副脸孔。笔者认为法务是一个专

业技术型的岗位，应该在日常的工作中体现一个专业人员的素养和体态，对普通员工和对老板都要以平和的态度、客观的角度和循循善诱的方式来沟通。一个人沟通的方式可以成为他的一种特定形象和招牌，法务要建立的形象是理性、客观、中立、谨慎、权威和忠诚的职业形象，不应人前人后不一样，否则，会对个人的被接受度和被认可度带来消极影响。

一旦大家认为法务个人不具有上述中立、客观的品质了，那法务的可信度就会被大大降低，工作自然难以展开。因此，法务的"因人而异"，是充分考虑不同对象对法律的熟悉程度来言，而并非考虑他们的职位、地位和身份。

③专业的沟通心态。无论法务是何种职位、何种职级，在涉及专业法律事务沟通时，建议法务不要太拘泥于自己的职级和地位，要善于和业务部门负责人等人员进行直接对接，因为有时候具体经办人员和部门负责人的理解和认知会存在差异，对于法务的意见有的部门负责人可能会比经办人更重视。

④特别提醒。法务在与人做沟通时最好不要频繁地看手机，虽然大家都离不开手机，没有带手机一定会犯"手机综合征"，但是在与人沟通的时候，最好能一鼓作气地把问题谈清楚，频繁地看手机不但会打断自己的思路，也会使对方觉得你心不在焉，并不把他的工作或者这个项目当回事，或者感到不被尊重，总之在谈话中频繁看手机十分不利于沟通。

### 5. 法务个人要有部门观念

在和公司外部和公司内部其他部门沟通时，法务不要仅考虑自己一个人的工作范围，要以部门为出发点。例如，商务部门有同事C电话A法务，请其处理一个销售合同，其实A法务的部门内部分工是审核采购合同。如果 A 法务没有部门意识往往会说，"销售合同不归我看，你给 B 法务吧"，这样的回答也没有错，但是从商务同事 C 的角度来听，就可能觉得不开心，因为 C 并不知道法务部门的内部分工，从他的角度看，法务部门是一个整体，找任何一个法务应该都可以解决问题，而不是还要自己再找人。有部门意识的 A 法务会怎么处理呢？A 会说"好的，您可以邮件发给我，我会来处理"，A 接到邮件后可以自行转给审查销售合同的法务 B，法务 B 审查完毕后就可以直接和 C 沟通，这样可以减少 C 的周转，提高法务部的服务体验感。法务部内部对同一个问题存在不同的观点和认识的时候，尽量在内部统一后再提供建议，不要在法务部外部进行讨论，以免让其他部门的同事无所适从。同样，对于其他部门的咨询可以先问问法务部内部是否接到过该咨询，如果已有咨询，建议要先了解其他法务同事的回复再给予答复，以免出现较大差异。

6. 被问倒的时候怎么办

没有人能够回答所有的法律问题，更没有人能够回答任何人提出的任意一个问题，所以法务在工作中被同事问倒是十分正常的事情。笔者根据自己多年的真实体验，给读者如下建议：

（1）不要觉得别人是在"刁难"你。笔者的经验是，大家真的觉得已经通过"天下第一考"的你肯定是样样都懂的百科全书，不要在被问倒的时候恼羞成怒，这样你就更加无法静心思考。也不要觉得惊慌，感觉丢人，法律浩如烟海，直接和同事解释，大家一般都会理解。

（2）用反问剖析问题。很多时候，可能提问题的人，他表达不清楚、逻辑不明白，他的问题本身很模糊、很不好理解，甚至词不达意，法务如果遇到不能立即听出问题本质的情况，就可以进行反问，把问题拆开，变成若干个相对简单的小问题，或者引导提问者提出更清晰的问题。在反问中法务可以了解更多信息，名义上是反问，其实是讨论，有时候问着问着，提问者自己就找到了答案。

（3）和提问者讨论现有的解决方式和其利弊。当法务对于问题本质很清楚，但是一时无法拿出解决方案的时候，可以和提问者讨论一下，他所知道的行业内其他公司的解决方式，对现有的解决方式进行合法性和利弊分析，至少可以在现有解决方式中选择一种比较合适的途径，或者对现有解决方案进行修改，达到解决本公司问题的目的。

（4）实质问题回答不出，千万不要乱回答，给自己争取一段时间，研究后再回答。其他部门同事来咨询时，如果问题超出自己的能力的，通过种种讨论和反问都无法当场解决的，可以先给同事说"现在正好有点忙""我有一个邮件需要马上回复""是否可以先把你的问题记下来，我过一会再回复你"，也可以请提问者提供进一步的相关材料。这样给自己争取一个思考和查阅法律的时间，待研究好后再给予答复。

（5）对于综合性问题，一定要借助"外脑"。很多提问者的问题其实特别综合，一般都不会是纯粹的法律问题，往往还夹杂了财务、税务、技术和市场等因素，这个时候，法务就要善于借助"外脑"，把非法律因素作为最后答案的前提条件，先请财务、市场和技术等部门出具意见，在综合各种意见后，再出具法律意见。

（6）先回答大的法律原理，再回答细的法律规定。有些问题法务完全知道大的法律框架和法理基础，但是具体的法律条文规定肯定无法背出来，这个时候可以和提问者先从法律理论和法律定性来做笼统回答，就是做初步解答，然后告诉提问者，就此问题法律具体规定的相关细则或实施办法，会在检索查询后予以回复。

此外，法务要像销售一样来进行沟通，在谈话的时候也要察言观色，不是为了迎合商务或业务部门的同事，而是可以从其表情、动作和反应判断其所言真假、对法律意见的理解程度和不同意见。读者不妨回想一下保险业务员在推销保险时的话术，看看究竟他是在哪一点上把你给说动了，才会顺利销售了保险产品，再对比自己给出法律意见时，究竟在哪一点上没有打动商务或业务部门的同事。

（八）法务要学好数学

大家往往会觉得法律属于文科的范畴，和数学、物理等理科没有多少关系，但是法务的工作中其实有很多时候需要用到运算等技能，我们以公司增资事项来说明这个问题。

1. 增资案例背景

A 公司原注册资本 1 亿元，股东为甲公司、乙公司、丙公司和丁个人，持股比例分别是甲公司 30%、乙公司 25%、丙公司 20%、丁个人 25%。由于公司规划发展需要，想把 A 公司的注册资本增加至 5 亿元。

2. 操作路径和数学使用场景

法务部和财务部共同承接了此项工作，由法务部设计增资方案和办理工商事务，财务部负责资金融通事宜。以下是具体操作路径和数学使用场景：

（1）法务首先要设计一个合理的增资方案。所谓合理的增资方案就是要从股东的角度看问题：一要考虑尽量节约股东的现金流，能不发生现金支出就不要发生现金支出；二要考虑税费承担，尽量减少缴纳税费的负担；三要选择比较方便的操作流程。

（2）数学使用场景。法务首先请财务部提供几个财务数据，资本公积金金额、未分配利润和公司分红时股东需要缴纳的税率。财务提供数据后，法务发现，A公司的资本公积金和未分配利润都还比较高，资本公积金有1亿元，未分配利润有8000万元，所以法务决定先用资本公积金和未分配利润转增注册资本，这样可以减少股东现金增资的压力，资本公积金和未分配利润转增注册资本未达到5亿元的剩余部分由各股东现金补足。

但是未分配利润转增注册资本时个人股东首先要现金缴纳20%的个人所得税，对于法人股东而言，由于法人股东的企业所得税税率并不高于A公司，所以税收对于法人股东并无影响（本案例中，设定资本公积金的来源属于无须缴纳的情况）。

（3）数学逻辑。法务按照这个思路先起草了增资的方案，即所有股东按照股权比例同比增资，先由资本公积金和未分配利润转增，不足部分由现金补足，各股东的股权比例不做变化。就这个方案而言，与其说体现了法律思维，不如说运用了数学思维。我们来看这个基本的计算过程：先根据股比确定每一个股东完成增资所需要各自支付的金额，然后把资本公积金和未分配利润按照股比计算出每一个股东不出现金的转增部分，其中个人股东的转增部分要扣除20%的所得税来计算，最后根据上述两个计算结果，得到每个股东现金补足增资的金额。

（4）变动因素带来的重新计算。此方案提交股东讨论后，各股东给了反馈，其中丁个人明确表示不参与增资过程，但可以接受资本公积金和未分配利润转增资本，其他各股东均表示完全接受增资方案，这样的反馈结果导致了方案需要重新制作和计算，而且这时候的计算思路和步骤也会完全不同。首先要计算未分配利润分配到每个股东名下的不同金额，丁个人要考虑其个人所得税的扣减，经过计算丁个人获得的分配利润为1600万元（已扣减个人所得税），再计算丁个人在不参与现金增资仅以资本公积金和未分配利润转增的情况下，最后增资完成后的丁个人被自然稀释的股权比例是多少。具体计算步骤为：先将资本公积进行转增注册资本，计算完成资本公积转增注册资本的那个时点上丁个人的出资总额，得出丁个人通过资本公积金转增的金额为2500万元，再加上丁个人以分配的利润进行增资完成时，丁个人的出资总额为1600+2500=4100万元。这时得到的就是丁个人以资本公积金和未分配利润转增完成后其在A公司的出资金额总数。用此出资金额总数除以最后要完成的增资总额5亿元，就是最后丁个人被稀释的持股比例，即4100/50000=8.2%。也就是说，增资完成后甲公司、乙公司和丙公司的股权比例总和是91.8%，之后要确定91.8%在甲公司、乙公司和丙公司各自的股比是多少，这个问题上A法务采取请三家自行协商的方式来处理，经协商三家股东确定了甲公司增至38%、乙公司增至30%、丙公司增至23.8%的股权架构。最后计算上述三家公司各自需要支付增资的总额（包括资本公积金和未分配利润转增和现金补足部分，此处就不再一一计算，读者有兴趣可以自行计算）。

（5）确定方案后如何操作。此方案得到了各股东的一致认可，方案基本落定。A法务和财务部门开始准备开展具体工作，主要分审计、决策流程和工商办理三个部分。第一，为了保证增资过程股东合法有效，财务部门先请审计机构对资本公积和未分配利润数字进行了审计，得出了准确的金额，并根据审计的金额数据对上述方案的数据做了最后调整。第二，召开股东会，通过增资事项，并签署相关法律文件。第三，各股东增资出资到位，办理工商变更手续。

3. 案例总结

上文的这个案例比较复杂，关键点是搞清楚资本公积和未分配利润转增时的税务承担，主要的规定大家可以查看以下文件：《国家税务总局关于股份制企业转增股本和派发红股征免个人所得税的通知》（国税发〔1997〕198 号），《国家税务总局关于原城市信用社在转制为城市合作银行过程中个人股增值所得应纳个人所得税的批复》（国税函〔1998〕289 号），《国家税务总局关于进一步加强高收入者个人所得税征收管理的通知》（国税发〔2010〕54 号），《股权转让所得个人所得税管理办法（试行）》（国家税务总局公告 2014 年第 67 号），《国家税务总局关于个人投资者收购企业股权后将原盈余积累转增股本个人所得税问题的公告》（国家税务总局公告 2013 年第 23 号），《财政部、国家税务总局关于将国家自主创新示范区有关税收试点政策推广到全国范围实施的通知》（财税〔2015〕116 号），以及《国家税务总局关于股权奖励和转增股本个人所得税征管问题的公告》（国家税务总局公告 2015 年第 80 号）。因此，就如上述工作一样，法务在日常工作中会经常遇到这种需要计算的项目，其实这类工作并非考验大家的计算能力，而是考察大家的逻辑能力，一定要抽丝剥茧，抓住关键点，建立正确的计算思路。

（九）法务要成为自己和他人的"疗伤高手"

法务的工作从压力角度看其实并不比销售同事小，虽然没有市场销售指标，但是一样有业绩考核压力和其他工作压力。法务要把工作完美完成，得具有"AB"型双面特质，因为在具体工作中，要求法务具有 A 面特质——细致、认真、高效，而因为法务要对接很多外部机构，又要求法务具有 B 面特质——长袖善舞、八面玲珑。

1. 法务面临的压力

无论何种工作，文件审查工作最终定稿基本都是法务来完成，其中出现差错，也很容易被归责于法务。公司领导评判法务的工作时往往会要求法务"多、快、好、省"地完成工作，既要完成超额的工作量，又要快速反应；既要高质量完成工作，又要节约经费。这种工作压力和环境下，无论法务把工作做得如何细致，总会碰到挫折和错误，就像银行一样，不良资产的存在是大概率甚至是必然事件，所以法务的心理素质要强，要学会自我疗伤。

2. 勇敢面对其他部门的非议

在法务遭到他人非议的时候，不要情绪化地先认为他人讲的必然都是错的，先跳出事情本身，看看别人讲的是否有道理，如果有道理就要吸收、借鉴，如果没有道理就看看是否要进行解释，涉及工作的事情，建议进行必要的解释，如果不涉及工作，笔者感觉没有必要进行解释，一笑而过，因为有些人更愿意生活在自己的猜测中。个人没有必要把面子和一时的得失看得那么重，尤其是年轻法务，不要太纠结同事的评价，不要太在乎领导的评语，要"皮厚心粗"，多看、多学、多问，尽快提升技能才是王道。因为良好的心态才是正常工作的基础，一直在纠结中、在忐忑中，老是要去想"是不是这个领导对自己不满意了""商务部的人肯定在暗暗嘲笑我吧"，这样是无法把注意力放在工作上和技能上的。

### 3. 直面自己的工作错误

对于自己在工作上的疏漏，不要惊慌失措，一定要先想办法弥补，千万不要因为犯错而放弃对工作的执着，笔者并不建议找借口去遮掩错误，一次两次可能会顺利过关，但是也会形成事前不好好做，事后想糊弄过去的习惯。虽然法务可以利用专业知识上的信息差来向商务或业务同事解释自己的疏漏，但是现代社会信息量极大，大家也可以从很多其他地方获得法律分析和指导，而法务一旦没有了其他同事的信任和专业上的权威，要想重新建立就千难万难了。

### 4. 正确看待领导批评

有人叹息说，现在的职场新人，就像掉进灰堆的豆腐，吹不得、拍不得。这一定程度上反应了有些职场新人经不起批评，要么批评后特别沮丧、自我否定、妄自菲薄，不敢大胆地去工作，要么被批评后很不服气，强头掘脑、心里有隔阂。其实，以上状态完全没有必要，要能辩证、客观地看待领导的批评。把领导善意的批评看作一次宝贵的成长机会，一定要细细体会，找到自己的差距，在工作中加以改进；而对于领导恶意的批评（现实生活中也不是所有领导都有高水平和肚量的，也会存在个别脾气比较差的领导），那更是一次宝贵的成长机会，让你体验挫折感、教会你如何和领导周旋，如果这样的领导你都能搞定，那还有什么搞不定呢?! 相对于赞美和表扬，批评才是更宝贵的财富，这些挫折才是最后成功的关键，正如谚语所讲"你并不是在受难，而是在准备中"。

### 5. 保持理性，避免情绪化

法律人最大的、最令人佩服的特质就是理性，这种理性表现在面临重大问题时所体现的"岳峙渊渟"的风度，在繁杂事务中直击要点的洞察力，更表现在控制不利场面，不为他人情绪感染的坚定上。作为职场人士，尤其是法务新人，笔者要强调，任何时候都要保持理性，工作的目的是积累经验、锻炼自己，而不是和谁争一时之气，别人生气你不气才是正确的打开工作的方式。把自己的心境锻炼得"久经考验""波澜不惊"了，才是疗伤的最高境界，没有伤，自然不需要疗。

6. 法务在工作中常要起到心理咨询师的作用

法务要成为其他部门同事的"疗伤高手"其实就是要掌握沟通的主导权，让有脾气的人到法务这里就没有脾气，让观点冲突的人来了法务这里就能认可你的观点，让企图来和你吵架的人来了法务这里就偃旗息鼓，让因为工作有消极情绪的人在和法务沟通后变得积极起来。要做到这些就要学会"二分法"解决问题，就是对于沟通中人际关系问题和非原则性问题的处理上得善于"和稀泥"。对于非法律的其他纠纷，如果其他部门同事请你出主意，要善于倾听，同时要尽力化解矛盾，而不是火上浇油。在一项工作涉及不同公司部门利益的时候，如果法务部地位高于上述利益冲突部门，那可以尝试作为"老娘舅"，帮忙化解冲突；但是如果大家是平行部门，那么法务可以帮忙分析利益冲突起因在哪里，利害关系究竟有多大，尽量帮助其他部门分析利弊、促成协商，有可能的话找到一条中庸解决之路，总之要试图去解决公司内部纠纷。世界上并非只有黑白两色，有些时候模糊分歧、弱化矛盾，才能把工作往前推进。

法务作为一位成熟的职场人士，应该理解其他部门的同事在工作中也会不顺心、不愉快，也会有矛盾、冲突，当他人带着情绪来法务部办事的时候，不要顶着上，不要因为他人的脾气或者态度乱了自己的心情和正常的工作方式。作为沟通主导者的法务，要能分辨他人是冲动不假思索的"气话"，还是深思熟虑的"套话"，先要平静他人的情绪、稳定他人的心情，然后才去寻找合适的方式进行沟通。一旦其他部门的同事得到了安抚，得到了解决问题的思路，那么法务的权威就自然建立了，以后的沟通场面只会越来越顺。

在和其他部门同事沟通的过程中，一定要注意保持"一致口径"，例如，碰到其他部门同事抱怨法务部同事、领导和其他部门同事、领导的时候，不建议"大义凛然"地作出驳斥，微笑倾听，善意提醒就可以了，有的时候还要小小的"同流合污"，在语言上声援一下这个牢骚同事，让他的气落下去，事情就简单了；但是同时要提醒他不要在公开场合过多抱怨，毕竟"牢骚太盛防肠断，风物长宜放眼量"。所以"见人说人话，见鬼说鬼话"，有的时候并不是一个贬义词，"千人一面"才是一个最坏的事情。

（十）有"颜值"才有"币值"

虽然本书不是时尚杂志，似乎不太应该讨论穿衣化妆这种事情，但是笔者当年作为新人在这块是有惨痛的教训的，得到的经验就是得体的衣着绝对是工作进步的良好助力，所以在这里觉得十分有必要谈论一下"着装那些事"。

1. 专业着装和行为模式代表的是职业形象

笔者刚毕业的时候，比较"务实"（就是比较"土鳖"），也十分懒，不愿意花时间捯饬（其实是比较穷，不舍得花钱）。身边虽然也有"女神"出没，但是"女神"的服装配置都花费不菲，实在无法抄袭，连高度模仿都有难度。其实，这些是笔者的借口，最关键的因素还是当时的笔者"太傻、太天真"，认为只要专业过硬、工作认真，就一定能得到客户的认可。然而实际上，一些客户一看笔者不符合律师形象的穿着，往往内心先打了折扣。

生活和工作节奏如此快的现代社会，法律工作者无论是律师还是法务，其衣着、谈吐都要符合自己职业特点，尤其当你的客户是非法律人士的时候，他很难判断你的专业度，而外形、气质、谈吐又是那么直观，你的客户在见到你第一面的那个瞬间，肯定是以你的着装气质来判断你是否专业，或者说是否像律师，是否像法务。

专业的着装让个体浑身上下都散发着法律专业人士的味道，这样才能最快、最大限度地被法律圈子、被自己老板，最重要的是被客户所认可和接受。所以说正确的着装是一种潜在语言，"她"告诉你身边所有人：这个家伙是专业法律人。

2. 实例

（1）律师

笔者曾经因为一个案子的需要同时找了三个城市不同的律师一起来开会，很有趣的是当天他们的穿着和表现差异十分大，虽然笔者明知其穿着与专业度没有关联性，但是事后还是忍不住和同事"八卦"了一下他们的穿着、谈吐、举止，没有比较就没有伤害啊！但是事先要申明，评价没有褒贬，仅做举例，请勿对号入座。第一位律师是一线城市的中型律师事务所主任（我们暂时称其为1号律师），38岁左右，来开会当天穿的是简单但是不简陋的合体黑西装、白衬衫、黑皮鞋、黑皮带（无法看到皮带品牌），手提棕色公文包，身上唯一的装饰品是其衬衫的袖钉。第二位律师是发达省会城市的大型律师事务所高级合伙人（我们暂时称其为2号律师），35岁左右，来开会当天穿的是深色休闲西装、米色衬衫、黑西裤、黑皮鞋、黑皮带（无法看到皮带品牌），手提黑色公文包，身上无装饰品。第三位律师是经济发达三线城市小型律师事务所主任（我们暂时称其为3号律师），35岁左右，来开会当天着米白色西装、亮黄色衬衫、深黄色尖头皮鞋、黑皮带（品牌明显）、手提黑色公文包（品牌明显），同时左手戴了一个质地不明的手串。

一上午公事谈完，笔者安排三位律师领盒饭并在笔者办公室同进午餐，顺便接着讨论案情。午饭用完后，1号律师把自己的饭盒用原来的塑料袋装起来，并拿出纸巾擦拭干净桌子，将垃圾一起放在脚边，一看就是想走的时候顺便带走。2号律师也同样把自己的饭盒收拾干净，用原来的塑料袋装起来，放在脚边，但是没有擦拭桌子。3号律师没有收拾饭盒也没有擦桌子，后来笔者的同事帮忙收拾了。其实，笔者心里清楚这三位律师的专业化程度都很高，工作也比较细致，他们的上述表现更是和人品没有"半毛钱"关系，其实纯粹就是一个习惯。但是笔者还是忍不住欣赏1号律师，他表现了良好的个人习惯，他的着装更体现了律师职业的共同审美取向，自然更容易让人接受。关于三位律师所处的城市、律师事务所规模大小，笔者认为并不是他们上述外表和表现的重要原因。笔者也会遇到一线城市大律所律师穿得十分休闲来开会的，三四线城市小律所律师每次都着正装出席会议的情况，笔者觉得这还是一种意识，看你有没有得体着装的意识，有没有认为这是一种法律人的"标配"。

（2）法务

畅销书作家泰瑞曾说，穿衣的风格有很多种类型，每一种的背后都有特定的意义。例如，邋邋遢遢的穿衣风格，你的衣服是皱的、有污渍的、不搭调的。松松垮垮的衣服传递了一种讯息，你不在乎，不管是对自己的外表，还是工作和未来，抑或是其他的……这个理论曾在我遇到的一个真实案例中得到体现。笔者有一个女性朋友是律师事务所的主任，有一次接到了一个重要的顾问单位对自己事务所一名骨干年轻律师的投诉，投诉内容既不是其专业能力不够，也不是其工作态度不端正，仅是其穿衣太随便，客户讲得比较委婉，没有直接列明其"罪状"，该主任开始自己观察，问题出在哪里，怎么居然严重到因为穿衣被投诉的地步。结果在连续观察三日后发现，该位女律师上身穿黄色长款棉衣一件，下身穿褐色裤子一条，背红色双肩包一个，一出门就必戴一个十分可爱的缀着毛球的白色帽子。最让主任无法忍受的是，她居然穿着这一身去参加了顾问单位和合作伙伴的重大项目谈判会，反观顾问单位合作伙伴的律师呢，其实穿得也过于休闲（穿了一条中式旗袍风格的连衣裙），但是在我方女律师的对比下，显得那么知性温柔。介绍参会人员身份时，顾问单位老总看到了对方谈判人员眼中的诧异，顿时觉得自己有几分羞愧，羞怒之下，如何还能想到该女律师其实专业不错呢？

其实，绝大多数的法务和律师都不会像上述案例中的那位个性女律师一样，但是还是有不少法律人穿着过于休闲或者花哨。笔者建议，工作场合特别是会议场合，建议穿职业套装，身上颜色不能超过三种，身上最好不要有首饰，一个手表足矣！法律人着装的所有要点笔者认为就是"一个中心、两个基本点"："一个中心"就是要以体现自己的专业范、职业范和干练劲为中心；"两个基本点"就是颜色少一点，款式简单一点。总之，衣服不在贵，得体就行；首饰不在多，手表就行；妆容不在艳，淡雅就行。但是笔者还是想说，出色的外貌一定要有坚强、正直和温暖的内心来匹配；如果没有，那么再出色的外貌也许只能打造"傲慢与偏见"，只有内外兼修、两者兼备，才能成就一位"谦谦君子"或"窈窕淑女"。

在本部分结尾，笔者忍不住要送大家一碗"鸡汤"。笔者相信大家都期待成功，希望自己能达到一定的高度，但是有时候会找不准方向，有时候会觉得自己努力了好多但还是没有收获。笔者想说的就是：请大家坚持，因为除了坚持积累、坚持学习、坚持实践，并没有其他的好办法。虽然笔者在上文列举了那么多法务要做的事情，看上去要做一名完美的法务似乎十分艰难，其实读者完全不必有畏难情绪，古语有云"水到渠成"。无论学习还是工作都要对自己耐心一点，特别在碰到挫折和瓶颈的时候，任何人的成长都不是一帆风顺的，遇到困难千万不要妄自菲薄，赢得了胜利千万不要趾高气扬，要始终坚信自己的独特价值，要相信"我就是我，是颜色不一样的烟火"。要找到自己的长处和优势，在个人成长的过程中踏实细心地对待具体业务，归纳总结实战技巧，练就良好承受能力和心态，不断学习，自我提升，在合适的时机迎接挑战，实现自己的职业规划目标，笔者相信"有志者事竟成"！

## 二、实用小技巧

作为法律工作者相信大家都会在工作中积累很多实用的小技巧，笔者认为除了积累专业知识的技巧外，积累法律检索技巧、文书写作技巧和总结技巧也十分重要，下面我就来介绍这三个技巧。

### （一）法律检索是个技术活

曾经有位法务在一次法务交流会议上问大家遇到问题是如何进行法律资料检索的，当时很多没有提问的法务也纷纷表示自己有同样的困惑。法务应该具备法律资料检索能力，并且应该做得更精细、更有技术含量。法律检索考察的除了检索能力外，还要在面临问题的时候找准思路。

1. 对法律资料做初步分类

根据资料的原始程度，我们可以把检索资料分为原始法律资料和二次法律资料。原始法律资料是指各项法律、法规、部门规章，各级政府和部委办局出具的文件、司法解释等法律资料。二次法律资料是指法律评论、法学评述、案例分析等具有个人观点的法律资料，判决书、裁决书也属于二次法律资料，因为其是运用法律本身的结果。

读者要关注的是，二次法律资料因为经过作者主观的加工，所以其并不像原始法律资料那么准确，读者在阅读和使用时要对其效力和真实性作出自我的分析和认定。而原始法律资料，读者要关注的是其适用的地域和情形，还有有无被废止。根据法律资料的来源则可以分为本国法律资料、单一外国法律资料和国际法律资料。把法律资料做分类是为了把检索目标做分类处理，并对应使用不同的检索工作和数据库。法律分类本身就是一项专业的工作，其建立在法律资料的高度熟悉之上，如果暂时无法掌握分类技巧，可以看一下威科法律数据库、北大法宝数据库等对法律资料的分类情况，以此掌握通行的法律资料的分类方式。

2. 收藏检索工具

（1）官方网站。在做具体检索的时候，要善于使用官方网站，例如，"人民法院报官网""人民法院网""中国裁判文书网"等，除了司法类的网站外，各行政机关的网站也同样值得关注，市场监督管理总局、海关总署、税务总局等都会有具体的政策发布，同时可以关注各个省市的行政机关网站中的网络答疑板块，可以从中寻求答案。

办理资本市场项目时，三大证券交易所的网站可以作为资料检索来源经常查看，作为官方披露平台的证券媒体也可以作为查询证券市场案例的检索工具。一些行业类协会的网站也可以成为资料来源，例如，中国财务公司协会官网就有很多关于财务公司相关规则的信息，中国银行间市场交易商协会官网就包含很多注册发行、市场研究和中国人民银行规章等内容，中国债券信息网就提供中债数据、研究分析和发行兑付等业务操作信息。运用这些网站的不尽如人意之处是查询人众多的时候，网站反应速度较慢。

（2）法律数据库。建议使用较为高效的数据库来作为检索工具，例如，北大法宝、威科先行都是专门的法律数据库。除了数据库，笔者给大家推荐一些搜索器或者网站，例如，西林街搜索、快搜（可以方便地进行学术搜索）、案例搜索、中国知识产权裁判文书网、计兮网（金融、财税和法律）、法律图书馆、春晖投行在线。

（3）应用程序（App）和网盘搜索。作为法律人也要熟练使用各种网址，享受技术手段带来的便捷，例如，失信被执行人名单信息查询、中国审判流程信息查询、全国企业信用信息公示系统、中国电子口岸（可以查外贸信息）、中国商标网、企查查、老赖查询、法信、启信宝、私募基金管理人公示平台、各个法院的公告信息和公告查询网址、人民法院诉讼资产网等。

读者有没有发现，其实可以提供干货的检索网址十分多，关键在于需要自己亲身体验后选择最合适的来使用。还有一些微信公众号提供了电子书，例如，爱挖盘－网盘搜索、找文件－网盘搜索、中国国家图书馆等，读者可以进入并进行电子书下载。但是无论是哪种应用程序一定要掌握其检索方法。

3. 检索技巧和思路

有了以上检索工具是否就可以完成有效的检索了呢？答案是否定的。比检索工具更重要的是检索技巧和解决问题的思路。

（1）解构问题。笔者认为如果要检索的原因是存在一个不知晓的问题，那么首先要对自己的问题进行解构：这个问题是法律关系已经很明确，只需要找一个法律依据呢；还是问题本身很综合，要拆开成几个方面后再逐一寻找法律依据呢？

例如，问题如果是"有限公司股东在其他股东股权转让时如何行使优先购买权"，那可以直接检索法条，除了《公司法》外，《公司法》的司法解释也应该纳入检索范围，更加重要的是，相应高级人民法院的会议纪要等也应该纳入检索范围，同时还建议检索尽可能多的高级人民法院的关于优先购买权的判决案例，来观察不同的转让背景下的裁判思路。

（2）关键词搜索。在检索方面最关键的技能是关键词的选择，关键词的选择方式在不同类型的法律事务中会有不同的体现，如果是诉讼案件，笔者比较推荐用定性的法律关系关键词来进行搜索，我们就以诉讼案件搜索为例来分析。

第一步，整理确定案件最关键的法律关系。一个案件可能会存在多种法律关系，但是能够被定为案由的法律关系是其最主体的法律关系，笔者称之为基础法律关系，对于这一类的法律关系可以根据2021年实施的《民事案件案由规定》对案由进行归纳。用案由来检索同样的基础法律关系的既往案例是十分有效的一种方法，但是这种检索方法的有效实施应建立在检索人对上述案由规定十分熟悉的基础上，所以多翻阅上述案由规定，可以帮助提高检索的效率，同时提高案件归纳能力。

第二步，归纳本案的争议焦点。案由检索案例仅是第一步的检索，因为同一案由之下，各个案件的事实背景和法律适用的差异依然会很大，这时候需要在基础法律关系之下，再逐一辨析次级法律关系和其他法律关系，再根据这些法律关系来做进一步的检索。此时就要靠争议焦点检索了，相同案由的案例其争议焦点可能近似也可能差之千里，在上述第一步同案由的检索完成后，将观察得到的案例的争议焦点与本案例进行对比辨析，从而尽量精准地归纳本案例的争议焦点，并从争议焦点出发再进行新一轮的案例检索。读者也可以自行归纳待解决案例的争议焦点，再根据归纳的争议焦点来进行对应性的检索。

第三步，对上述两步完成所获得的案例进行法律适用检索。把案件中法官援引的法条进行检索，并对应本案进行解读，以此确定本案的法律依据和相关程序性规定。这种检索的方式往往可以帮助读者纠正自己在提炼案件法律关系和争议焦点方面的误差和偏颇，使检索方向更准确，使检索案例更有对应性。

在搜索关键词的过程中，很多人都提倡使用"搜索引擎逻辑运算符"，例如，"*""-""or""site:""and""filetype:""intitle:""dog"等，这些工具可以使某些关键词更加特定化，本书不再赘述，读者可以自行检索。

4. 纸质材料检索

上文讲的都是互联网或者数据库的检索，其实纸质资料也可以进行有效地检索，可以使用的纸质法律检索资料主要有：《最高人民法院公报》、各省高级人民法院公报（如《江苏省高级人民法院公报》）、《最高人民检察院公报》、各政府部门政策汇编（如《上海市小额贷款公司、融资担保公司有关政策文件汇编》）等都可以作为法律检索资源。

总之，每一个检索工具都有自己的一套检索程序和使用方法，功能也设置得各有不同，建议读者还是要熟悉各个检索工具的使用方法，找到最便捷的方式。在自行检索的同时，也可以向文件制定者或者政策执行者进行口头咨询沟通，这样可以更深入地了解文件出台的背景和监管目的。在日常工作中，如果有时间可以建立自己的法律资料数据库，因为法律信息浩如烟海，但是我们每一个人不可能接触所有类别，把与自己业务十分相关的、经常要使用的法律资料整理成库，及时更新，同时通过法律资料本身的变迁也可对该部分的立法动态作出预判。

（二）给董事长写汇报的艺术

写报告是法务最基本的技能，然而娴熟掌握该项技能需要反复练习、深入体会并掌握一定的写作技巧，总的而言，好报告并不要求文采出众，但一定要逻辑清楚、条理清晰；同时写作者要站在读者角度来放置报告内容；用语要简练、流畅、书面化、易于阅读；做到"行文简、浅、显"，通篇专业术语并不一定有助于理解和陈述。下面笔者就从实务出发分享请示、汇报类公文（以下简称报告）的写作技巧。

1. 报告题目直击主题

报告的题目不能太长，但要把全文的诉求点明。纠纷处理类的报告题目要包含主体、纠纷类型和阶段，例如，"某某起诉我集团商标侵权案首次开庭情况汇报""某某等诉我公司质量集体诉讼应对方案请示""我集团应收款诉讼追讨方案请示"等。对于非诉讼类的报告题目建议包含标的公司名称、项目定性和报告类型，例如，"对某公司财务投资方案汇报""对某公司高管持股方案汇报"等。报告题目的关键词要明确，同时要使用与商务部门立项报告中一致的关键词，例如，标的公司简称、收购项目简称等。法务如为了追求法言法语而采用不一致的关键词,会不方便读者阅读,也不方便未来对材料的检索。

2. 报告架构为读者服务

法务提交的材料通常会是某一具体案件的汇报、某一重大投资方案的请示、某一具体操作方案或者公司法律风险的提示等,无论何种内容都可以归纳为以下四个板块,如表4-4所示。

表4-4 报告架构

| 章节 | 内容(不完全例示) |
| --- | --- |
| 一、背景介绍 | 案件原被告及诉求,项目投资背景和目的,方案出台目的和要求,某一事务操作现状 |
| 二、案件争议、投资要点 | 案件争议焦点和法院审判预判,投资标的公司主要情况和价值分析,方案具体路径和利弊分析,该事务法律风险揭示、分析 |
| 三、难点、建议、工作流程 | 具体答辩理由和证据收集等工作,是否投资的倾向性意见、风险提示和后续安排,方案实施的流程安排,规避措施的实施办法 |
| 四、明确领导决策事项和回复时间 | 列明需要领导决策的内容、反馈截止时间,需要其他部门提供配合的要明确提出要求 |

好的报告架构必须条理清楚,板块之间除了有时间顺序外还要有逻辑关系,要让读者可以清楚、全面地了解待决策事项的关键节点。第一部分的背景介绍建议简单明了,直接介绍时间、事件和当事人即可。第二部分也不要事无巨细地陈述所有内容,建议仅把关键事实和时间节点列示,详细的尽职调查报告、工商资料、诉状等可以作为附件。第三部分体现的是报告人的具体解决思路,要明确说明实现路径和操作方式,尤其要注明每一个路径或方案的利弊,

使读者在决策时有足够的参考依据。第四部分是对读者的工作要求，特别是工作中涉及其他部门配合的要具体提出要求，情况特别复杂的，可以建议组建专项小组并明确牵头部门。

3. 内容精选形式恰当

报告并非越长越好，因为董事长往往事务繁忙，每天要看的材料很多，从他们的角度只想看到一个归纳了所有关键问题和解决思路的报告以供其决策，很少有愿意把中层分析归纳的活也干了的董事长。基于此，不管实际工作有多复杂，报告最多不能超过三页纸。要达到这个目的，除了文字要简练外，更重要的是内容选择要得当。

（1）用时间表筛选内容。对于新手而言如何选择合适的内容放入报告的确是一个难点，笔者推荐通过列时间表筛选内容的办法来解决。时间表样式如表4-5所示。该表格是在报告之外做的功课，报告人可以根据时间顺序将每一事件列明并将文件关键内容予以列示。无论是诉讼案件还是投资项目，这一表格可以帮助报告人理清思路并不会遗落所有的关键事项。报告人可以归纳表格的关键事项选择性地放入报告，这个表格还有助于报告人时隔很久以后迅速复习案件内容。

表 4-5 事件时间表

| 时间 | 事项 | 文件载体 | 主要内容 |
| --- | --- | --- | --- |
| 2015.1.2 | 双方成立合资公司 | 合资合同 | 出资约定、章程 |
| 2015.7.5 | 第一次董事会 | 董事会决议 | ×× 投资事项表决 |
| …… | …… | …… | …… |

（2）用图来简练语言。运用图会使报告更简练、更直观。例如，股权架构就可以通过图4-1加以表现，主体多、交易关系复杂的案件也可以通过关系图来表现，公司经营情况和资质情况同样可以用图来表现。

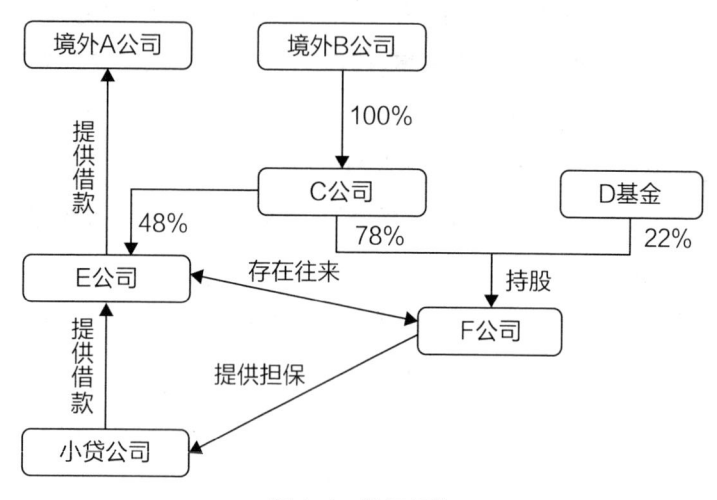

图4-1　股权架构

4. 文字表述书面、简洁、前后一致

（1）运用书面语言。报告的属性是公文，所以文字表述首先应书面化，杜绝口语，例如："某年某月甲公司和乙公司在广州签了买卖合同，甲公司卖10吨拉丝给乙公司"，这句话在报告中就建议写为"甲公司与乙公司于某年某月签订了买卖合同（签订地广州），约定甲公司向乙公司出售10吨拉丝"。公司名称要与其公章和营业执照登记的名称相符，合同名称也要与合同本身记载的名称一致。

（2）文字表述要老道简练。例如，"股票期权和限制性股票两者之间最大的区别在于激励对象获取股票的时间不同，公司授予的权利不同。股权期权方式激励对象可以在未来一个特定时间以特定价格购买公司股票，限制性股票方式，则是直接授予激励对象股票，但该股票有限制性，仅可以在未来某一时间进行转让"，这句话就可以改写为"股票期权和限制性股票之间的主要区别为权利人取得股票的时间和相应权利的不同。股票期权的权利人可在未来特定时间以特定价格购买公司股票，限制性股票权利人被直接授予股票，但仅能在未来特定时间转让"。

（3）简称或代称前后一致。对于具体主体可以用简称，例如，"中国埃尔森物资有限公司"即可以简称为"埃尔森公司"。对于具体项目表述也可以用简称，例如，"甲公司拟通过换股和增资方式投资四川乙公司的项目"可以简称为"乙公司投资项目"。但是所有的简称必须保持全文一致，例如，"中国埃尔森物资有限公司"如设定简称为"埃尔森公司"的，则在下文中就不能再出现"中国公司""埃尔森有限公司"的简称。同样，代称也应保持前后文一致，例如，对于报告人所在公司应统一称为"我公司"，不能同时出现"我方""我公司""我集团"等多种代称。

5.报告质量的高低取决于报告人解决问题的能力

上文所述的技巧可以提高报告的阅读质量，但决定性的因素还是报告人解决问题的能力。

这种能力体现在报告人能否提出切实可行的处理方案，这需要报告人详尽地了解背景情况、辨析争议焦点所在、根据所在公司情况提出有操作可能的解决计划。高质量的报告无法闭门造车，必须建立在与法院、仲裁、标的公司等相关主体的有效沟通基础上，解决计划还需要专业能力和实践经验的支撑，此外需要法务有财务、证券等综合性的知识储备，同时也要善于利用审计报告、鉴定报告等资料。法务的报告中不能仅从法律角度来诠释问题，还应能够从所在公司经营、战略、财务等多角度进行考虑。除了提出对应具体问题的解决技巧外，报告还应有一定的战略高度，在分析解决路径利弊时，除了经济利益外，对于公司声誉、行业影响、与政府部门关系等多重因素均应考虑。

总之，高质量的报告不可能一蹴而就，好报告是需要多次练习和修改的。一份好报告可以让从来没有接触该事项的人通过阅读就可以知晓所有关键点，也可以让没有相关专业知识的人读懂焦点所在，更可以让决策者仅凭这份报告就可以作出合适决策，让配合者明白工作职责。

（三）有用的工作总结

法务的实践经验很大程度上来源于工作本身，某项工作中的技巧和感悟可以在以后类似的工作中得到运用。但是好记性不如烂笔头，所以在繁忙的工作中抽出时间来做工作总结是十分必要的。笔者所说的工作总结并不是我们平时写的年度个人总结那种文章，而是根据工作中的得失进行的实战记录和技巧整理。如果法务可以长期保持该项好习惯，那么假以时日，必然会厚积薄发。

1. 佳句积累

具体而言，就是要做一个有心人，把一切对自己有用的东西积累起来。例如，在审阅合同的时候，就可以把一些表述得比较好的条款进行摘录，有些行业的合同具有一定的格式性，像股权投资类的对赌协议，其对赌条件的设置和对赌结果的设计就很有讲究，法务如果在查看他人提供的相关协议时就可以进行比较，把各种对赌条件和对赌结果进行归类记录，那么以后在工作中就可以根据实际情况加以运用。

在收集合同佳句的时候，可以用表格的方式，把不同种类的合同条款加以分类记录，还可以对同一种约定内容，列示不同的条款表达。

2. 时间轴记录

对于某一个项目本身，可以采取时间轴记录法，从项目开始的那一天开始记录，到项目完成为止。不但记录项目本身的过程和时间节点，还可以记录每一个时点上具体办理的事项本身，例如，该事项的难点和障碍在哪里？讨论的时候各方的意见分别是什么？最后确定的方案主要考虑哪些因素？方案中主要体现的利益选择是什么？项目进展过程中，监管部门是否有明确意见或监管方向调整？法务在上述业务中获得的主要收获有哪些，是否可以在其他类似项目中使用？

3. 实务总结案例

下文是笔者同事对一项收购工作的总结，供读者参考，其背景是一家公司拟收购"一带一路"沿线国家的某处厂房，在几轮谈判后，负责该项目的法务做了简单的总结。

## 收购"一带一路"沿线某国的某处厂房的工作小结

一、双方签订合同后的工作

（1）资产评估。①买方聘请的资产评估机构对标的房产进行资产评估。②若评估价格与合同约定价格相差较大，则以评估报告为基础对合同价格进行调整。③若卖方对评估价格不认可，则卖方可自聘评估机构再评估，最终价格以前后两次评估金额为基础，折中确定。

（2）房屋检查。对标的房屋开展物理状况检查，检查结果以专业的检验报告为准。

（3）勘查。地产边界线的确定（四至）。

（4）产权。法律问题，即调查房产是否有债务纠纷等情况，是否设置了留置权等。

二、程序审查

（1）本次项目位置处于该州州府，因为上下水通过乡村和城市，所以既要符合乡村的要求，又要符合城市的要求。

（2）因为本次土地收购旨在后续建厂投资，需要达到容纳5000名工人同时工作的要求，故相关的给排水、消防安全等需要符合以下要求：①区域的要求；②当地建设规划关于基础设施，如上下水、土木建设等的要求。

三、时间安排

（1）以上流程，一般五个月拿到初级审批。（2）根据各行政单位的要求予以修改调整。（3）动工期8—10个月。

四、中方对外投资外汇注意事项

（1）投资额1亿元以上，需要商务部审批。如果报投资额为1亿元以下，后续超过1亿元部分无法汇出。（2）除商务部外，还要符合外管局外汇管制的要求。（3）以上流程时间长，变更方案为：若外方收款单位在国内有关联单位，为了加快速度，可以要求先将款项（保证金）交予外方的境内单位。

总之，工作总结是写给自己看的，形式、详略都不太重要，只要能让多年后的自己看懂，要点明确即可。这项技巧的关键是持续地记录，特别是项目和案件历时比较长的情况下，要记得定期做总结，在以后工作中碰到类似的任务，可以拿出来分析、对比和参考。

## 三、推荐书单

本部分的题目虽然是推荐书单，其实推荐的不仅仅是图书，有些笔者觉得比较好的微博、微信公众号等也一并推荐。这是一张小型书单，笔者在此推荐是想提醒大家，是否可以在年初给自己列一张书单，用一年的时间完成。除了快速浏览图书本身，笔者建议有必要对部分书籍做摘要，浓缩成一本纪要以供日常参考；还可以就书中没有展开的内容做自行检索和再学习，对关联内容做整理和分析。假以时日，相信各位读者很快就可以通过日积月累达到"腹有诗书气自华"的境界了。

（一）投资金融类

《风险投资估值方法与案例》（洛伦佐·卡佛著）

《投资银行：估值、杠杆收购、兼并与收购》（乔舒亚·罗森鲍姆、乔舒亚·珀尔著）

《财务模型与估值：投资银行和私募股权实践指南》（保罗·皮格纳塔罗著）

《财务报表分析从入门到精通》（宋娟编著）

《上市公司并购重组问答》（深圳证券交易所创业企业培训中心编著）

《上市公司公告解读25讲》（深圳证券交易所投资者教育中心著）

《吴军数学通识讲义》（吴军著）

图解金融微信公众号

投行小兵的微博

（二）法律类

《胜诉之路：侵犯商业秘密纠纷案诉讼指南及文本体系》（唐青林、李舒编著）

《税制设计》（詹姆斯·莫里斯、英国财政研究所著）

《推开法律信息检索之门》（刘明著）

《金融创新法律风险防范精析》（潘修平等著）

《律师公司业务创新和案例》（中华全国律师协会公司法专业委员会编著）

审判研究微信公众号

## 后记

  本书到这里已经结尾,从来没有想过自己可以把这些感性的认识结集成书,很多内容因为都属于主观的范畴,所以可能难免会有偏颇,希望读者谅解。职业道路一定有挫折,需要付出更多的智慧、努力和辛劳,但是,同样是过一天,还是努力过得更有价值吧!多年后,你肯定会感谢今天努力的自己!

杭东霞<br>
2021 年 9 月